ロシア 女たちの反体制運動

高柳聡子
Takayanagi Satoko

プロローグ　ロシアの反体制運動とは何か

二〇二二年二月二四日に始まったロシアによるウクライナへの軍事侵攻は、私たちの予想を超えて続き、その間、おもにインターネット上で、戦争に反対する人びと、体制に抗《あらが》う人びとの姿を毎日のように目にしてきた。

二〇〇〇年からほぼ二〇年以上にわたって続いているプーチン政権[*1]は、独裁的ともいわれるその強権的な政策によって、世界の多くの国々へ負の印象を与える一方で、国内においては市井の人びとの小さなプロテストをも抑えつけ、「政治囚」は拘置所や収容所、刑務所に絶えることがない。リベラル派野党勢力のリーダーだった人たちは暗殺や獄死に果て[*2]、反戦活動家たちは国外へ追われ、国内に残った人たちは逮捕を覚悟でピケを張ったり、匿名での体制批判や出版活動、取り締まりの少ない夜間のビラ貼りなどを続けている。

ここ一〇年ほど、命を危険に晒《さら》すことなく自由に意見を表明すること、名前や顔を隠さずに政策に異議を唱えることが極めて難しい社会になりつつあったが、ウクライナでの戦争開始後はさらにこれに拍車がかかった。

しかし、弾圧の強化は、体制に抗う人たちが、ロシアに途絶えることなくいるということの証左でもある。

アレクセイ・ナヴァリヌイ（一九七六―二〇二四）は服毒事件の後、囚《とら》われると知りながらも、なぜロシアに帰国したのか、結果としてそれは、まさに命を賭ける選択となってしまった。[*3] 政治家だけではない。数百人もの逮捕者が出る政治デモになぜ若者たちは参加したのか。ウクライナでの戦争が始まると同時に反戦を訴えたフェミニストたちは、逮捕や暴力被害を受け出国を余儀なくされたにもかかわらず、なぜ今なおロシアから目をそらさず活動を続けているのか――こうした問いは常に驚きを伴いながら私のうちにある。政治から目をそらすことなく体制と闘い続けるロシアの活動家たちを動かす力はどこから湧いてくるのか、なぜそんなにも挫《くじ》けることなく前を向いていられるのかと。

そして何よりも、闘う人びとの中に多くの女性たちがいること、ともすれば女性のほうが多いように見えることにも驚嘆し続けている。

本書は、こうした一連の問いの答えを、まずは歴史の中に探してみようという試みである。一八六〇年代以降活発になったロシア帝政時代の女性運動を起点に、一九世紀から現在に至るまでのソ連時代を含めたロシアにおいて政治権力や体制と闘った女性たちを追ってみると、そこには連綿と続く女性たちの活動の歴史がある。弱者を助け、制度と闘う、時には皇帝との闘いに挑む果敢な女性たちがいつの時代にも存在していたのである。

彼女たちは、時には「テロリスト」とも呼ばれたが、「ナロードニキ（人民主義者）」「革命家」「異論派」「人権活動家」「女性解放運動家」など、時代や体制、活動の仕方によってさまざまな肩書きを与えられてきた。その中には、テロ＝暴力を活動手段とし、実際に他人の命を奪った者もいる。一方で、みずからの命を犠牲にした者、投獄や処刑などでその命を失った者も少なくない。

一九世紀後半から二〇世紀初頭の革命へ至るロシア史を記述した書物はふんだんにある。そこには、エカテリーナ二世や、革命家の女性たちの名ももちろん見ることができるが、やはり圧倒的に男性の名が多いのも事実だ。女性たちにいかなる権利も、教育や活動の機会も十分に与えられていない以上、社会を変えようなどという意志に目覚めることも難しかったかもしれない。それにしても、である。

女性たちは歴史記述の際に切り捨てられてきたのではないか――そんな疑問をもったのは私だけではなかった。ロシア本国においても、数年前から若いフェミニストたちや女性史研究者らが、自国の歴史を洗い直し、記述から漏れた女性たちを一人一人拾い上げようとしている。

例えば、二月革命が起きたときに、レーニンら一行が、スイスから「封印列車」でドイツを経由しロシアへ帰国した有名なエピソードがある。このときの様子を描いた絵画はいくつもあるが、言うまでもなく英雄的なレーニンの帰還という図柄になっている。写真では、そばに妻のクループスカヤがいるし、列車には他の女性革命家たちも同乗していたのだが、列車内の光景を描いた絵画には女性は一人も描かれておらず、男性陣が帰国後の戦略を練っていることになっている。こうしたことも誰かに指摘されなければ気づかないまま、私たちの記憶に、「革命＝男性」の仕事という印象を重ねていくことになるのである。

ロシアでは、その歴史を通して、政治と文学の関係が非常に近い。「ロシア詩の太陽」といわれ今なお愛されている詩人アレクサンドル・プーシキン（一七九九―一八三七）も、彼を敬愛し、その死を嘆いた大詩人ミハイル・レールモントフ（一八一四―一八四一）も帝政批判の詩を書いて、流刑となっている。

ソ連時代の詩人ユリア・ヴォズネセンスカヤ（一九四〇―二〇一五）は、一八歳で詩人として作品を発表しようとする段になったとき、公式の詩人となるか、非公式の詩人となるかを選ばなければならなかったという。公式の詩人になれば出版は可能だが、自由に書くことはできない、自由な非公式の詩人となれば出版はできない――こうした選択が芸術に関わる者たちすべての道に課される。ヴォズネセンスカヤは非公式の詩人となる道を選んだが、その道の先には、逮捕、流刑、国外追放という未来が待ち受けていた。

私自身の専門は文学で、女性作家たちの創作を中心に研究を続けてきたが、その過程で、政治の影響を受けたり、積極的に政治に抵抗したり、あるいは、頑《かたく》なに政治と距離をとろうと努めたりする文学者たちと出会ってきた。好きな作家や詩人を見つけ、本のページを開けば、すぐさま政治の問題とぶつかる、それがロシアという国だった。

そのため本書には作家や詩人たちも数多く登場する。言論の自由、表現の自由は、彼ら／彼女らにとって最重要の権利である。かたや権力者たちも筆の力を知っているからこそ、創作者の自由を制限し、逆らう者は排除するという強硬手段を取り続けてきたのである。

そして二一世紀の現在、権力に抗う者たちの先頭に立っているのは、「フェミニスト」や「LGBTQ活動家」「反戦活動家」と呼ばれている。もちろん、ソ連時代によく用いられた「反体制派」という肩書きも復活している。

こうした人たちは、みずからの理想とする社会を目指し、あるいは眼前にある暴力的な制度を少しでも改善しようと、身を挺《てい》して政治に訴える活動を実践している人たちである。ロシアの女性史をたどろうとしてきた私の目には、現在、反戦運動を率いているのが「フェミニスト反戦レジスタンス（FAR）」に代表される女性たちであることは歴史の必然のようにも見える。彼女たちの反戦運動については、二〇二二年以降、日本の多くのマスメディアで紹介する機会を得たが、女性たちが先頭を切ってあのプーチンと闘っているという事実に非常に驚かれた。その際に十分な説明をできずに終わった悔いも本書執筆の動機となっている。

ロシア帝国／ソ連／ロシア連邦の歴史には、常に権力と闘う人たちがいた。だからこそロシア革命は起きたのだし、ソ連当局に弾圧された無数の人びとがいたのだし、長期化しているプーチン政権に抗う人たちが今もいるのである。

実は日本では、冷戦時代に、「反体制派」と呼ばれるソ連の活動家たちについては非常によく研究されていた。その多くは、ソ連当局のイデオロギーと政策が、プロパガンダを手段とした悪《あ》しきものであることを示すという西側諸国共通の文脈で行われ、マスコミによる報道もその視点に基づいていた。

「良心の囚人」と呼ばれる「政治囚」たちは、腐敗した国家の善の部分として、「悪＝当局」によって弾圧される犠牲者なのだという明確な二項対立は、アンドレイ・サハロフ[*4]（一九二一―一九八九）やアレクサンドル・ソルジェニーツィン[*5]（一九一八―二〇〇八）のような世界的な著名人を介して具現化されたが、不自然なほどに女性たちの名が少ないことも確かだ。脇役のように添えられる女性の名、その場にいたはずなのに名指されることのない女性たち。彼女たちは何を見て、何を考えていたのか――本書では、これまでの歴史記述の隙間を埋めるように、みずからの生きた時代に理不尽な政治体制の変革を目指して活動した女性たちに目を向け、その生を記録してみたいと思う。

この試みは、同時に、まさに現在のロシアでもアクチュアルに続いている反体制・反戦運動の思想と気概が、世紀を超えて、かの国の歴史に淵源《えんげん》をもつものであるということを示すものともなろう。

目次

第四章　もうひとつの歴史——反戦・反核・フェミニズム運動——119

第一章　闘う令嬢——ナロードニキの女性たち

女性運動の始まり

ロシア帝国は、一七二一年に大帝と呼ばれたピョートル一世が「インペラトール」の称号を得たときから、一九一七年のロシア革命まで続いた専制君主国家であった。

ピョートル一世、エカテリーナ二世の治世で経済的・文化的な発展を遂げ大国としての地位を築いたロシアだったが、一九世紀半ばになるとクリミア戦争(一八五三―五六)での敗戦という痛手を負う。オスマン帝国の弱体化に乗じて南下政策を強化しようとしたが、これを認めないイギリスとフランス、サルデーニャにより敗退したのである。クリミア戦争をもってロシア帝国の一八世紀は真に終わったともいわれるが、戦争中に死去した皇帝ニコライ一世に代わったアレクサンドル二世は、自国の後進性を脱するために、国内の改革へと舵《かじ》を切ったのである。「大改革」と呼ばれる一連の改革のひとつが農奴解放だった。

一八六一年三月、ついに農奴解放令が発布された。帝政ロシアの悪名高き農奴制は中世から数百年も続いていたが、一九世紀に入ると農奴の数も減り、解放への方策が模索されてはいた。とはいえ、農民たちの移動を制限して土地に縛りつけるこの政策のもとで、彼らは自立して生きる権利をもたず、国や貴族や修道院の所有物となっていた。

ようやく果たされた農奴解放に対して社会では賛否両論あり、一時的な混乱を招いたとはいえ、農民たちを法的に人間として扱い、自由や権利を保障しようとする実践はもちろん肯定されるべきもので、改革を目指す者たちにとって大きな希望となったことは容易に想像できる。

また、一九世紀後半には、ロシアでも資本主義が急速に発展した。資本家の台頭は労働者階級の搾取や経済格差の拡大を招き、首都ペテルブルクの表通りと裏通りでは、同じ町とは思えないほど人びとの生活の質が異なっていたことは、当時のルポや小説にも記されている。そんな中で、より弱者の立場にある女性たちが搾取の対象として取り沙汰されることは必然的ともいえる。

農奴解放とほぼ同時期の一八五〇年代末から、ロシアでは女性たちの生活向上と教育の普及、就業のために尽力する活動家たちも動き出す。これは体制との闘いというよりもむしろ、女性の経済的自立を支援することを目的としたものだったが、その後すぐに本格化する女性解放運動のさきがけだということもできる。[*1]

この時期の活動のひとつとして挙げておきたいものに「低家賃住宅協会」という組織がある。一八五九年に設立されたこの協会は、正式名称を「サンクトペテルブルクの困窮した住人に低家賃の住居と手当等を提供する協会」という。設立したのは、女性の教育の向上のために活動していたマリア・トルブニコワ（一八三五―一八九七）、ナデージュダ・スターソワ（一八二二―一八九五）、アンナ・フィロソフォワ（一八三七―一九一二）といった一九世紀後半のロシアを代表するフェミニストたちだった。

低家賃住宅協会は、その名の通り、人口が急増したせいで住宅事情が極めて悪い首都ペテルブルクで、貧困に陥りやすい独居や独り親家庭の女性たちのために、アパートの部屋を無料または低家賃で提供するなどの生活支援を行っていた。設立から一〇年ほどで協会は五〇〇人以上の人びとの住まいを確保し、自前の学校や幼稚園、縫製工房、食堂、職業訓練所をもち、さらに、高齢女性と女子学生用のシェルターも所有するほどになった。

一方で、運営をバックアップしていたのは有力貴族や皇族だったから、その点では反体制的な活動というわけではない。けれども、制度の不備に女性たちが立ち上がる動きがロシア社会で本格的に始まったこと、女性たちが同じ女性たちを救うために活動する運動の潮流が定着したこの時期の現象として、決して看過することはできない。

ナロードニキ運動

ロシアの女性解放運動史において「第一の波」と呼ばれる一八六〇年代には、前述のように、社会制度の不備に気づき、それを無視できずに活動を始める女性たちが次々と登場した。多くは貴族の令嬢として生まれ、教育を受け、不自由なく育った若い女性たちだった。とはいえ、彼女たちがさらに上の教育を受けようとすれば、すぐさま女性差別の壁が立ちはだかるのも事実だった。男性と同等の権利をもつなど願うことも叶《かな》わない、それどころか、下の階級に目を向ければ、困窮した女性たちが無数におり、公娼《こうしょう》として、労働者として合法的に搾取されている。それは、意識しさえすれば、否《いや》が応《おう》でも目に入る現実であった。

女性たちの識字率や教育への意欲が高まるにつれ、社会へ向けられる彼女たちのまなざしは厳しさを増していく。そしてそれは、ヨーロッパで学んだ者たちが新しい思想をロシアへ持ち帰った時期と一致したのである。新しい社会、新しい国家を目指す思想は、男性だけでなく多くの女性たちをも突き動かすことになる。

その中で、一九世紀後半の女性の活動としてもっとも強い印象を残したのが、「ナロードニキ」と呼ばれる人たちであった。国家体制の転覆を目指したナロードニキたちは、五人に一人が女性だったといわれている。そして、彼女たちの闘う姿はあまりにも果敢で恐れ知らずで、一人一人が強烈な印象を残している。

ナロードニキ運動とは、一八六〇—七〇年代にロシア帝国で起きた社会運動で、皇帝によるツァーリズム（独裁政治）を倒し、誰もが平等な社会を実現しようとする試みだった。

帝国時代のロシアには、ミール、あるいはオプシチナという農村共同体があり、納税や兵役などの義務を連帯して果たしていた。相互扶助の精神に基づき、生産活動や社会的義務に対する責任を共同体が連帯して負うこのシステムは、当時の知識人たちの関心を惹《ひ》いた。社会主義思想をもつ活動家たちは、この既存の共同体が社会主義体制への移行に有益だと考えたのである。

「ナロードニキ」の元となっている「ナロード」という語は、ロシア語で「人民」「民族」を意味し、この時期にロシアの人口の大部分を占めていた農民層など一般の民衆を指している。活動家たちは、「ヴ・ナロード（人民の中へ）」をスローガンに農村の人びとの中に入り、革命思想を説こうとした。彼らは「ナロードニキ」と呼ばれたが、ナロードニキになったのは教育を受けた若い知識層（インテリゲンチャ）で、おもに貴族階級などの出身者が多く、その活動は一八七四年にピークに達する。

この運動の背景には、言うまでもなく、皇帝アレクサンドル二世が行った農奴解放がある。この政策は前述の通り評価されるべきものだが、一九世紀後半になるまで非人道的な農奴制を維持してきたロシア帝国で、ようやく奴隷状態にある農民たちが解放され自由を手にした改革のように思われる一方で、その実態は、より複雑なものだった。土地と人間（地主と耕作者）との関係、労働者としての農民のあり方、実態にそぐわぬ状態になっている階級制度など、農奴解放はロシア社会が抱える再考すべき諸問題をあぶり出し、不安定な「賃金労働者」となった農民や粗野な「資本家」などから成る未熟な資本主義社会を生むことになる。

ナロードニキたちは、そうした現状を前に、農民たちを擁護し、真の平等な社会を目指す活動へと乗り出したのだった。とはいえ、彼らは決して一枚岩だったわけではない。活

ニコライ・チェルヌイシェフスキイ

動家らは思想や理念によって複数のグループに分かれていたが、帝政の打倒と「富農《クラーク》」の解体、そして小作農への土地の分配という目標においてはおおむね一致していた。

彼らは農民たちを啓蒙《けいもう》し、全国のミールの意識が高まれば、マルクスのいうような資本主義の時代を経ずとも社会主義に至ることができるのではないかと考えた。しかし、理想主義的なナロードニキの思想と活動は、彼らの予想以上に保守的な農民たちに容易には受け入れられなかった。そのため、ナロードニキたちは徐々に失望していき、運動は分裂するようになる。都市部の知識階級である若者たちと地方の農民たちの間にはあまりにも大きな溝があり、生活や言語、文化のすべてにおいてかけ離れていて、ナロードニキらが期待した相互理解は得られずに終わったのである。

こうしたナロードニキ運動の礎となったのは、ニコライ・チェルヌイシェフスキイ*2（一八二八―一八八九）の思想であった。
長編小説『何をなすべきか』（一八六三年、邦訳は金子幸彦訳、岩波文庫・上下巻、一九七八、八〇年）は、農民による革命を組織化しようとして逮捕されたチェルヌイシェフスキイが投獄中に執筆した作品で、当時のロシアであまりにも大きな反響を呼んだために発禁となっている。一種のユートピア小説でもあるこの作品では、保守的な家庭で育った主人公ヴェーラ・パーヴロワが、親の決めた結婚から逃れるために偽装結婚をし、経済的な自立と自由な恋愛へと至るプロットが印象的で、現在のロシアでも女性解放・フェミニズム小説の古典となっている。

作者チェルヌイシェフスキイの思想が反映されたこの小説からは、同時期に急速に発展したロシアの女性運動が、女性たちの間だけに留《とど》まるものではなかったと知ることができる。階級による不平等を解消することだけでなく、十分な権利や自由に生きる術《すべ》をもたない女性たちの境遇、とりわけ家のための結婚という枷《かせ》を嵌《は》められた若い女性たちの生にまなざしを向けることの必要性が指摘されている。小説とはいえ、チェルヌイシェフスキイの思想に基づいたナロードニキ運動に女性活動家が多い理由は、こうした点にもあると考えることができるように思う。

本書では、具体的に数人のナロードニキの女性を紹介したいが、ここに紹介できない人たちも含め、彼女たちは、ソ連時代を含めたロシア史の中で、実のところもっとも強烈な印象をもたらす活動家たちだといえるはずだ。彼女たちの目的は明白で、帝政の打倒、そして革命を起こすことである。

「トレポフ狙撃事件」――ヴェーラ・ザスーリチ

ヴェーラ・ザスーリチ（一八四九―一九一九）といえば、ペテルブルク特別市長官フョードル・トレポフの暗殺未遂事件を起こしたが、裁判で無罪となったナロードニキの革命家として知られている。

ザスーリチは一八四九年にロシア西部スモレンスク州のミハイロフカという小さな村で、貧しいポーランド貴族の家に生まれた。一八六四年にモスクワの寄宿学校に入り、卒業後はモスクワ州南部の町セルプホフの治安判事のもとで文書係として一年ほど働いたが、このときに、相談に訪れる農民たちの置かれた状況が、かなり悲惨なものであることを知った。

一八六八年からはペテルブルクに移り、製本工場に勤めながら、夜間学校で労働者らに読み書きを教えると同時に、自分も独学でさらに教養を身につけていった。

姉の影響で革命思想を支持するようになったザスーリチは、ロシアにおけるニヒリズム運動[*3]の第一人者で、革命家のセルゲイ・ネチャーエフ（一八四七—一八八二）と出会い、その活動に加わっている。ネチャーエフは、みずからを架空の組織「世界革命同盟」のロシア代表だと名乗り、秘密結社「人民の裁き」を結成したが、仲間うちでの信頼関係を築くことができず、一八六九年一一月に構成員だった学生のイヴァン・イヴァノフにスパイ容疑をかけて批判、銃殺してしまった。「ネチャーエフ事件」と呼ばれるこの出来事は、ドストエフスキイの長編小説『悪霊』のモデルともなっている。

ヴェーラ・ザスーリチ

ネチャーエフ事件の後にザスーリチも逮捕されるのだが、このときの逮捕・投獄の経験が本格的な革命家になる契機だったといわれている。釈放後も、再逮捕を繰り返しながら活動を継続している。

　一八七三年から活動の拠点をウクライナのハリコフ（ハルキウ）に移したザスーリチは、助産師学校で学びながら、キエフ（キーウ）で結成されたナロードニキの革命組織「南の反乱者たち」のメンバーとなる。「南の反乱者たち」は、無政府主義者ミハイル・バクーニン[4]（一八一四―一八七六）の思想に影響を受け、後にメンシェヴィキの指導者となるレフ・デイチ[5]（一八五五―一九四一）も参加していた。ザスーリチはこれを機にデイチと生涯にわたる友情を結んでいる。

「南の反乱者たち」は、土地の平等な再分配をスローガンに農民たちを蜂起させようとしたが、うまくはいかなかった。ザスーリチは警察の手を逃れるために一八七六年に農村部を離れ、身を隠すことがより容易な大都市ペテルブルクへと移動したのである。

　首都でナロードニキの秘密革命組織「土地と自由」に加わったザスーリチを待っていたのは、翌年の一八七七年に起きる「アレクセイ・ボゴリューボフ事件」だった。デモに参加して逮捕された学生のボゴリューボフが、監獄の視察に訪れたペテルブルク特別市長官だった将軍フョードル・トレポフの前での脱帽を拒んだのである。これに対しトレポフは、体罰が禁じられているにもかかわらず彼の鞭刑《べんけい》を命じたのだった。

　この出来事は多くの人の怒りを買い、囚人たちによる暴動が起きるに至る。ザスーリチもこれに激怒し、偽名を使って請願を乞うふりをしてトレポフへ面会を申し入れると、その場で彼に向かって発砲したのである。トレポフの暗殺は失敗に終わったが、殺人未遂犯で「テロリスト」となったザスーリチは注目を集めることになった。裁判では、本来なら懲役一五年から二〇年にもなる重罪のはずだったが、陪審員はザスーリチに対し無罪判決を下す。この判決は人びとに熱狂的に受け止められ、裁判所の外に集まっていた市民も、欧米の報道も喜びを共有したという。ネチャーエフについて、またトレポフ狙撃事件については、ザスーリチ自身が『回想』に詳しく書き残している。

　一方で、トレポフの暗殺に失敗したことは、ザスーリチの思想に変化をもたらしたようだ。あるいは、スイスでマルクス主義者のゲオルギイ・プレハーノフ[*6]（一八五六―一九一八）やパーヴェル・アクセリロート[*7]（一八五〇―一九二八）と活動をともにする中でテロリズムを否定するようになったのかもしれない。ロシア史上、初めてテロ行為を試みた女性革命家は、いち早くこの暴力的手段を放棄することになる。

「土地と自由」は、一八七九年に分裂する。後に皇帝アレクサンドル二世の暗殺に成功する「人民の意志」は、大衆を巻き込む革命はテロによって皇帝を殺害することから始まると考える過激派の道をとるのだが、ザスーリチはこれに反対し、プレハーノフやアクセリロートらとともに「黒い割替」派に加わっている。*8

彼らはその後スイスに出国し、ジュネーヴでロシア初のマルクス主義組織「労働解放団」*9を立ち上げる。ザスーリチはナロードニキとしての活動を完全に終え、「労働解放団」でマルクスの著作のロシア語訳を手掛けるようになった。またこの時期、やはりヨーロッパにいたレーニンとともに『イスクラ』*10の創刊と編集にも携わっている。『イスクラ』は、後にボリシェヴィキとメンシェヴィキに分裂することになるロシア社会民主労働党の機関紙で、一九〇〇年に第一号が発刊されている。ザスーリチの活動は、出版や執筆によって思想を喧伝《けんでん》することへと移行していったのである。

一九〇五年の第一次ロシア革命の後にザスーリチはロシアへ帰国したが、それ以降の革命の大きな波に乗ることはできなかった。メンシェヴィキの一員となったザスーリチは、十月革命を支持せず、ボリシェヴィキによって作られたソヴィエト体制をツァーリズムの鏡像とみなし、少数の新たな支配者が飢え死にしかけて口を塞がれた多数派を屈服させただけだと手厳しく批判している。

革命後のザスーリチは病のせいで気が塞いだのか、「生きるのがつらい」と嘆きながら、かつて革命への扉を開いてくれた姉たちのそばで、一九一九年五月に六九年の生涯を閉じた。女性でありながらテロリズムへ走るという点でのみ言及されがちな人物だが、その思想の本質は探求されるべき課題として私たちに残されている。

ヴェーラ・フィグネル

「恐ろしい女」と妹たち——フィグネル姉妹

後に時の皇帝アレクサンドル三世をして、「恐ろしい女」と言わしめたヴェーラ・フィグネル（一八五二—一九四二）は、いまだ農奴制の残るロシア帝国の商業都市カザンの裕福な貴族の家に、六人きょうだいの第一子として生まれた。

革命のために生まれてきたのかと思わせるほど

に勇猛果敢なヴェーラ・フィグネルの姿は、同時代の友人たち、同志たちによって実に見事に表現されている。「人民の意志」派のメンバーで、後の回想でヴェーラについて書いたセルゲイ・イヴァノフ（一八五八―一九二七）は、〈曲げることのできない人というのがいる、そういう人は折ったり、死ぬほどに壊すことはできても、地に屈《かが》ませることはできない。ヴェーラ・フィグネルはそういう人だ〉と語り、また、作家のヴィケンチイ・ヴェレサエフ[*11]（一八六七―一九四五）も回想の中で、〈ヴェーラ・フィグネルは人間の姿をした華麗なハヤブサの見本だ〉と表現している。ヴェーラ自身も、自分は他人に厳しいが、それ以上に自分に厳しくありたいと一度ならず言葉にしているし、チェルヌイシェフスキイの『何をなすべきか』の登場人物の一人で、ストイックで目的のためには己の精神と肉体をとことん鍛え上げるような青年ラフメートフを好んでいたともいわれる。

　ナロードニキの面々は晩年に回想を書いていることが多く、それらを読むことで当時の緊迫した雰囲気や革命家たちの人となりをより理解することができるが、ヴェーラ・フィグネルの回想『記憶に刻まれた仕事』は、とりわけ質・量ともに豊かで、詩人でもあるフィグネルのすぐれた文体が、彼女自身の人生の機微を生き生きと読む者に伝えてくれる。

この回想を読むと、革命家としてのヴェーラ・フィグネルを育てたものが、教育、とりわけ読書と周りの人びとであったことがよくわかる。フィグネルは、多様な文化が混在する古都カザンに生まれたのだが、回想の中で彼女は、専制的な父のもとにあった自分たちの家庭は軍隊のようであり、母も子どもたちも父に絶対服従する他なかったことを打ち明けている。

ところが、農奴解放をはじめとした変革の空気の中で、地方都市にも出版物を通して新しい風が舞い込む。すると、本を読むことで横暴な父が自由主義者となり、母も知的に成長し、父に服従することをやめたのだという。

また、フィグネルは、この時期の女子教育の内容にも異を唱えている。当時の女性としては恵まれた教育を受けたとはいえ、六年間の寄宿女学校での勉強はヴェーラにはまったく物足りなかったらしい。寄宿舎での生活は規律と友情をもたらしてはくれたが、知的成長という点では、ほとんど何も与えられなかったと後に語っている。その穴を埋めてくれたのは、母や叔父たちが薦める書物であった。

一九世紀末に見られる出版文化と女子教育の発展の相互作用は、日本でもロシアでも共通した現象だが、ナロードニキの女性たちもまた、そうした時代の変化の狭間《はざま》に生きたことを有益に味方にしたのだともいえる。

とはいえ、当時のロシアでは、女性は高等教育を受ける権利をもっていなかったため、女学校を出た後、ヴェーラは学問を続ける道を見出《みいだ》すことができなかった。一八七〇年に、アレクセイ・フィリッポフという思想を同じくする同郷人と結婚し、スイスへの留学資金を捻出しようと努力していた時に、叔父の薦めもあって、妹リディアとともに聴講生となるためカザン大学の扉を叩《たた》くのである。

このとき二人の姉妹の聴講を認めたのが、生物学と解剖学の専門家で、体系化された体育教育理論の発案者となるピョートル・レスガフト（一八三七―一九〇九）だった。しかし、この幸運はすぐに断ち切られてしまう。一九〇一年にレスガフトは、「政治的理由」で大学を解雇され（一年後に復職）、初の女子聴講生たちはそれ以上の出席を許されることはなかった。

一方、高等教育を求めるロシアの女性たちがこの時期に選んだのが、ヨーロッパへの留学だった。とりわけ、スイスのチューリッヒ大学は、一八六五年から女子学生の入学を認めており、一八六七年には学位も取得できるようになった。一八七一年には医学部に二〇人以上の女子学生が入学しているが、その翌年にはなんと一〇〇人以上に増えている。しかもその大部分がロシアからの女子留学生だったという。ロシアの女性たちは、父か夫の許可がなければ外国へは渡航できなかったため、学問を志し、協力者と偽装結婚をすることによって国境を越える者も多かった。

例えば、数学者のソフィア・コヴァレフスカヤ（一八五〇―一八九一）もフィグネルと同時期に偽装結婚によってドイツへ渡り、女性であることを理由に幾度も門前払いを受けながら、苦労を重ねて研究者となったのだった。

また、一八六四年にチューリッヒ大学の聴講生となったナデージュダ・スースロワ（一八四三―一九一八）は、一八六七年にロシア人女性として初めての医学博士号を取得し、やはりロシア初の女性医師となっている。スースロワは、一八六三年にペテルブルク大学の聴講生となるも、同年にロシア国内の大学で女子学生の受入れを禁止する大学規則の改正が行われ、ペテルブルク大がこれに従ったのを機にスイスへ渡った一人だった。

ナデージュダは、ドストエフスキイの恋人として知られるアポリナリア（ポリーナ）・スースロワの妹で、一八六〇年代前半には文芸誌に小説を掲載する作家でもあった。スースロワの育った家庭は革命家たちとのつながりも強く、ナデージュダも一時期「土地と自由」に所属していた。ドストエフスキイは一八七六年に『作家の日記』の中で、〈高等教育を渇望しながら、彼女は真剣さと忍耐を発揮し、最大の勇気の手本を示した〉と評価するとともに、彼女が無私無欲で自己犠牲的なほどだったことも語っている。

ヴェーラ・フィグネルの前半生は、同じナロードニキや革命家であったとしても、女性が男性と同じようにスムーズに大学へ入り、知識を得られる時代ではなかった。したがって、彼女たちの闘争はまず、時の権力を支えている男性中心の歴史を受け入れることから始めざるを得ない。どこかで歴史の流れを断ち切り、そこへ女性たちの生を主体として取り込んでいくのである。学部の選択肢もなく、単身で出国することも叶わぬまま、大学で学ぶために親の反対を押し切って偽装結婚をした彼女たちが、国境を越える女性たちを阻むロシア社会の壁を自分の手で壊さねばならないと感じ、体制の変換を望むに至るのは当然のことだと思える。

一方、ロシア政府は、一八七三年にチューリッヒに留学中のロシア人女子学生たち全員に帰国指示を出す。当時のスイスはヨーロッパでもっともリベラルな国のひとつで、政治的に中立なこともあって、政治的理由による亡命者たちが数多くいた。とりわけ一八七〇―七三年にかけては、移住したロシアの革命家たちの中心地ともなっていた。そういうわけで、進学のためにロシアを出国した女性たちが、当地で革命家や思想家たちと交流を深めていたことも見逃すことのできない事実だ。

そして、不自由なロシア帝国からスイスへ来たロシア人女子学生らの存在は、政治が保証する自由こそが女性たちの学びを推進するということの例証ともなっていた。皇帝による独裁体制に抵抗感の強いスイスでは、学問のために自国を去って渡欧してくるロシアの若者たちへの同情心が強かったことも彼女たちの受入れを後押ししたようだ。しかし、革命運動の温床となる可能性が可視化したせいで、女子学生たちはここでもまた学問の場を追われることになったのである。

スイスにいられなくなったヴェーラ・フィグネルは、すぐにロシアには戻らず、一八七四年にベルリン大学へ移る。そこではバクーニンとの出会いが待っていた。翌年ロシアへ帰国すると、医療者として、そして革命家としての本格的な活動を開始する。「土地と自由」や「人民の意志」といった組織を拠点として、ロシア各地での宣伝や慈善学校での啓蒙活動に駆けずりまわり、その一方で、大学で学んだことを生かした慈善の医療活動を実施するなど休む間もない日々だった。

「土地と自由」も、その後継の「人民の意志」も、革命のためにはテロ行為も辞さないという方針を採った。したがってメンバーは、非合法活動にも手を染めることになり、彼らに対する弾圧や逮捕も強化されていった。ヴェーラ・フィグネルも、一八八〇年と八一年の皇帝アレクサンドル二世の暗殺計画に加わった廉《かど》で一八八三年に逮捕されている。

ヴェーラは、政治囚が投獄されることで有名なペテルブルクのペトロパヴロフスク要塞監獄に一年八カ月間収容された後に無期懲役の判決を受け、首都から東へ三五キロメートルほどの場所にある悪名高きシュリュセルブルク監獄に移される。シュリュセルブルクは、ラドガ湖からネヴァ川が流れ出す場所に浮かぶ島で、古くから多くの戦を経験してきた要塞の地でもあるが、帝政ロシアになって以降は、ペトロパヴロフスク要塞と並ぶ政治囚用の監獄となった。ここはロシア帝国第五代皇帝イヴァン六世が殺された場所であり、レーニンの兄でナロードニキだったアレクサンドル・ウリヤノフが処刑された場所でもあり、一八二五年にツァーリズムの打倒と農奴解放を求めて蜂起したデカブリストの乱に関わったヴィリゲリム・キュヘリベケル[*12]やバクーニンらも収容されていたことのある場所である。

激しい拷問で知られるこの監獄で、ヴェーラは囚人たちの安全と生活環境の改善を要求する抗議を起こしたり、ハンガーストライキを行ったりした。この監獄を〈生きた人間の墓〉と喩《たと》えながらも、命の安全と最低限の生活を守るための公的制度の整備は、ヴェーラの運動の核となっており、その信念は、獄中にいても、またボリシェヴィキ革命の後も揺らぐことはなかったのである。

無期懲役の宣告を受けたものの、第一次革命（一九〇五）後に国外への出国を認められたヴェーラは、一九〇六年に再びヨーロッパへと渡り、スイスを拠点として、みずからの体験をもとに政治囚の救済活動などに着手した。同時に、革命後のレーニンに対しても辛辣な政策批判を行うなど、真の自由を求めるその態度はまったく怯《ひる》むことがなかった。しかし、彼女の意見をソ連当局は実質的には無視したのだった。

ヴェーラとともにナロードニキ運動に尽力したのが、妹のリディア・フィグネル（一八

リディア・フィグネル

エヴゲニア・フィグネル

五三―一九二〇）、エヴゲニア・フィグネル（一八五八―一九三二）、オリガ・フィグネル（一八六二―一九一九）である。フィグネル家には四人の娘がいた。写真を見ると、とてもよく似ているこの姉妹たちは皆、程度の差こそあれ、革命運動に関わっていた。

リディアもまた、「人民の意志」のメンバーとして革命に生涯を捧《ささ》げた人だ。カザンの大学を出たリディアは、一八七一年にペテルブルクに移るが、翌年には姉ヴェーラとともにスイスへと旅立っている。姉と同様にチューリッヒ大学医学部で学んだリディアは、同時に「フリッチ」というサークルに加わっている。

「フリッチ」は、やはりチューリッヒ大学医学部で学んでいたソフィア・バルディナ（一八五三―一八八三）らが一八七二年に立ち上げた思想サークルで、約一二名の女性たちが参加していたという。メンバーの大半は当時チューリッヒにいたロシア出身の女子学生で、バルディナやリディア・フィグネルの他、エヴゲニア、マリア、ナデージュダのスボーチナ三姉妹（後述）、オリガ、ヴェーラ、タチヤーナのリュバトヴィチ三姉妹（後述）など、この後ナロードニキとして活動する面々が揃《そろ》っていた。

女性だけで構成されるこのサークルの活動は、一八七四年までの短い期間ではあったが、帝政ロシア時代に生まれた稀有《けう》なフェミニストグループと呼べるのではないだろうか。フリッチのメンバーとしてはヴェーラ・フィグネルの名が挙げられることが多いが、ヴェーラは当初こうしたサークルの意義をあまり認めておらず、参加したのはもっとも遅い。むしろ創設当初から積極的だったのは妹のリディアのほうだった。

ソフィア・バルディナ

前述のように、一八七三年六月にアレクサンドル二世が出した法令により、チューリッヒのロシア人女子学生は学業を中断されたため、フリッチに集うことも難しくなった。この法令は、ロシアの女子学生たちがヨーロッパの先進国で不道徳と急進主義に染まっているという理由によるものだったが、苦労の末にたどり着いた地で、こうして再び学問の機会を奪われたことは、若い女性たちをさらに革命へと駆り立てる動機にもなったのだろう。法令発布の数カ月後、ロシアでは危険人物である女子学生のリストが作成される。そこには四四人の名があった。彼女たちはロシア帝国内でのすべての教育活動を禁じられ、帝国の秘密警察にあたる皇帝官房第三部の監視下に置かれることになる。ちなみにフリッチはその後、カフカースの学生たちがメンバーに加わり、「全ロシア社会革命組織党」を結成、労働者たちへの宣伝活動に従事した。

帰国の法令発布の後、リディアは医学の勉強を続けるためにパリへと移る。彼女がロシアへ戻るのは一八七四年になってからで、医学の勉強を続けながら、ナロードニキとしての活動に取り組んでいる。そして一八七五年には、労働者へのプロパガンダ活動の折に違法な文書を配布したという反政府活動の廉で逮捕され、すべての権利と地位を剥奪、五年の重労働刑に服役するためにシベリアに送られた。フィグネル姉妹の中で、当局にもっとも目をつけられていたのはリディアだったろうと思う。彼女がようやく故郷に戻れたのは一八九二年のことで、晩年は姉ヴェーラと妹のエヴゲニアとともにモスクワでつつましく暮らしていたが、姉の死後間もなくリディアも病のために生涯を終えている。

　フィグネル家の三女エヴゲニアも准医師として働きながら、姉とともに「人民の意志」のメンバーとして違法な活動を行っていた。ペテルブルクのレシュトゥコフ横丁（現在のジャンブラ横丁）にある彼女の部屋は秘密組織のアジトとなっており、家宅捜索でダイナマイトや違法な印刷物が見つかり、一六年間のシベリア流刑を言い渡されている。

　四姉妹の末っ子オリガは、三人の姉たちに比べると革命家としての活動はかなり短い。長姉ヴェーラとは一〇歳も離れているせいもあって、オリガは、一八七八年にペテルブルクに開校した、ロシアで初の女子の高等教育機関で女子大学に相当するベストゥージェフ女子校で学ぶ機会を得ている。初代校長コンスタンチン・ベストゥージェフ＝リューミン[*13]の名を冠するこの女子校の卒業生は「ベストゥージェフカ」（「ka は名詞の愛称形を造る接尾辞」）と呼ばれ、ロシア初の女性化学者となったヴェーラ・ポポワ（一八六七―一八九六）や、無脊椎動物の研究でやはりロシア女性で初めて動物学者となったユリア・ファウセク（一八六三―一九四二）など、学術界における女性の第一人者を数多く輩出した。

　この女子校を卒業したオリガ・フィグネルは、非合法組織の同志で医師のセルゲイ・フロロフスキイと結婚するが、夫が革命運動により逮捕され、一八九一年にシベリアへ流刑となると、夫とともにシベリアへ移住している。シベリアで病院建設などに尽力するオリガの人生は、三人の姉たちと同様に常に弱き者たちの生活へと向けるそのまなざしを失うことがなかった。

皇帝を暗殺せよ——ソフィア・ペロフスカヤ

ロシアには西欧の中世のように「魔女狩り」の歴史がない。したがって、歴史上で女性たちが次々と断罪されるのは、一九世紀後半からの革命運動、そして革命後のソ連における事象という印象が強い。

アナキストで理論家のピョートル・クロポトキン*[14]（一八四二—一九二一）をして〈心の底からのナロードニキ〉であり〈鋼鉄のような革命家〉と言わしめたソフィア・ペロフスカヤ（一八五三—一八八一）は、ロシア史上、政治犯として処刑された初めての女性として知られている。反体制テロ組織「人民の意志」の執行委員だったペロフスカヤは、一八八一年三月一日、皇帝アレクサンドル二世を暗殺したのである。

ペロフスカヤは、ペテルブルクの州知事の家に生まれ、一八六九年四月に首都に開校したばかりのアラルチン女子校（七〇年代半ばに閉講）に通い始める。在学中にペロフスカヤは革命家としての活動を本格的に開始したが、革命家たちとの交友を父に反対されて家出し、女子講座の同級生でもあったヴェーラ・コルニロワ（一八四八—一八七三）が友人たちと暮らすアパートに身を寄せる。

ソフィア・ペロフスカヤ

コルニロワは、秘密結社「チャイコフスキイ団」（または「チャイコフスキイ派」）の結成（一八七一）の初期メンバーで、陶器工場を営む裕福な父のもとでのブルジョワ的な暮らしを好まず、活動の同志だったニコライ・グリボエドフと偽装結婚をして家を出ると、ペテルブルクで友人たちと部屋を借りて共同生活をしていた。「チャイコフスキイ団」は、一連のナロードニキ運動が弾圧された後にペテルブルクで結成された組織で、初期メンバーの一人ニコライ・チャイコフスキイ*15（一八五〇—一九二六）の名に由来している。

「チャイコフスキイ団」はそもそもペテルブルクにあった複数のナロードニキのグループが統合したもので、モスクワやカザンなどにも支部をもつ大規模な組織だった。一八七二年にはクロポトキンをメンバーに迎え、ペロフスカヤとも交流している。クロポトキンの著書『ある革命家の思い出』を読むと、清貧の生活を好み、いつも木綿の服を着て市井の労働者のように暮らすペロフスカヤが妥協を許さぬ革命家であった姿が目に浮かぶようだ。理想を目指すその一途な性格は、ついには彼女を死刑台へと導いてしまうことになるのだけれど。

教師と救急医療の資格を得たペロフスカヤは、「ナロード（大衆）」たちの中で休む間もなく働き続けた。ペテルブルクの労働者たちを教育し、クリミアの病院で学びながら病人の世話をする。そして一八七九年からは皇帝暗殺計画に加わったのだった。

一八八一年四月、ペロフスカヤは仲間四人とともに絞首刑となった。革命後のソ連では、皇帝を殺害したことによって英雄化されたが、もしも生きていたなら、彼女は革命とソ連をどう評価したのだろうか。

「怠惰な社会よ、覚醒せよ！」

ナロードニキの時代に革命運動に加わった女性たちの中から主だった数人を選び出すことは非常に難しい。私たちを惹きつけてやまない活動家は、ここに挙げた人たちに留まらない。

特徴的な事象として指摘できるのは、大部分の若い女性革命家たちが高等教育への道を閉ざされるという壁にぶつかっていること、それによって国外に出る他なく、スイスのリベラルな雰囲気の中で革命思想との出会い、または思想の発展が見られるということがある。

このことは、教育と政治が密接につながっていることを示しており、ナロードニキの女性たちの多くが農村や工場での教育・啓蒙活動に向かったことも、次章で紹介するナデージュダ・クループスカヤのような教育の専門家が革命運動の中心人物として登場することも容易に納得できる。

教育は、生まれた環境、とりわけ家庭環境の影響が大きい。フィグネル姉妹のように、きょうだいや親子で革命運動に身を投じた例が多いこともそれゆえだろう。フィグネルの

ニコライ・ヤロシェンコ画
「クルシストカ」

他にも、二世代で革命家となったスボーチン家には、ナロードニキであった母ソフィア・スボーチナ（一八三〇―一九一九）と三人の娘エヴゲニヤ（一八五三―?）、マリア（一八五四―一八七八）、ナデージュダ（一八五五―?）がいるし、オリガ・リュバトヴィチ（一八五三―一九一七）と二人の妹ヴェーラ（一八五五―一九〇七）、タチヤーナ（一八五九―一九三二）など母娘や姉妹が互いに思想的影響を及ぼしながら手を携えて自国の未来を切り開こうとする姿が歴史に記録されている。

帝政ロシアが、チューリッヒに集う女子学生たちに危機感を覚え、半ば仕方なくロシア国内の大学に女性を受入れる決定を下したのも、単なる時代の流れというだけではなく、ひとえに人生を賭して学問のために国を出た数百人の女性たちの為した功績なのである。

オリガ・フィグネルが通ったベストゥージェフ女子校や、それに準じた高等教育機関の女子学生のことを、当時は「クルシストカ kursistka」[*16]と呼んだが、この語が「女性革命家 revoliutsionerka」と同義だと噂《うわさ》されたのも、女性が学び、社会の成り立ちを理解すれば、革命を企てるほど理不尽で不自由な現実がそこにあったからだという事実を裏づけている。

ナロードニキの女性たちについての章を終えるにあたり、前述したチューリッヒの女性思想サークル「フリッチ」のリーダーだったソフィア・バルディナが違法な革命運動のために逮捕され、一八七七年三月九日に元老院（最高裁判所）の特別法廷に出廷した際に行った、非常に印象深い陳述をここに引用したい。

私はあなた方に慈悲を求めませんし、それを望んでもいません。私は、寝ぼけたような怠惰なこの社会が目覚め、こんなにも長いこと大手を振ってみずからを踏みにじり、自分の兄弟姉妹や娘たちを国から引き離して、彼らが信念を自由に告白したというただそれだけで破滅させてきたことを恥じ入る日が来ると確信しています。私たちを告発なさい、あなた方にはさしあたり物理的な力があるのでしょう、皆さん。でも私たちには精神的な力が、歴史の発展という力が、思想の力がついているのです。思想は、銃剣で捉えることなどできません。[*17]

力強いバルディナの言葉は、二一世紀の今を生きる私たちをも勇気づけてくれる。けれども、流刑先のシベリアから脱走を果たしたバルディナの心身は疲弊し切っており、ついに回復することがなかった。一八八三年四月一四日、亡命先のジュネーヴで革命に人生を捧げた人はみずから命を絶ったのだった。

第二章　一九一七年の女性たち

革命と女性

一九一七年のロシアは、二度の大きな革命に揺れた——二月革命と十月革命である。わずか一年足らずのうちに二度にわたって起きた「革命」には、もちろんどちらにも女性たちの存在があった。結果として、ボリシェヴィキによる十月革命のインパクトが歴史記述では勝っているし、いずれの革命においても男性革命家の名に言及されることが多いのも事実だが、それぞれの陣営に、帝政に抗い続けた女性たちがいたことも確かである。[*1]

イギリスの歴史家サラ・バドコックは、かつてBBCのインタビューで、一九一七年のロシア革命における女性たちの役割が、一〇〇年を経てもなお欧米の研究者によって過小評価されていると指摘したが、これには同意せざるを得ない。

そもそもボリシェヴィキ革命に至る主たるきっかけのひとつは、二月二三日（三月八日[*2]）に首都ペトログラードで起きた女性労働者たちのデモだった。このとき女性たちが行ったのは、市民に飢えをもたらしながらも続く戦争（革命は第一次世界大戦の最中に起きている）と皇帝による専制政治へのプロテストだった。もちろん、このことはすでに周知の史実となっているが、にもかかわらず、ロシア革命といえばまずはレーニン、そしてトロツキイ、ケレンスキイ、最後の皇帝ニコライ二世というように、革命や戦争といった政治の表舞台に立つのは常に男性で、女性たちはその補佐的な役割であるかのように記述されている。バドコックも指摘しているように、革命に向けた活動と、活動がもたらした結果には、女性たち、とりわけフェミニストたちの少なからぬ貢献が認められる。前章で述べたように教育の機会さえ十全でない革命前の女性たちが、何の権利も有していなかった現実を考えれば当然のことだ。

社会主義革命が成就すれば、おのずと男女平等が叶うと楽観的ですらあったように見えるレーニンら男性陣に対し、女性の解放と権利を別個の問題として考慮すべきであることを説き続けたコロンタイ（後述）らの尽力についても評価は不足しているし、さらに、名前すら滅多に記されることのない女性たちの名を今こそ歴史に残そうという意識は、ロシア国内でも欧米の研究者たちの間でも、現在共有されつつある。極東の片隅にいる私もまた、この仕事の一端を担いたいと思う。

一九一七年の革命は、先述の通り第一次世界大戦中に起きている。つまり、ロシア社会は多くの男性が不在の状態にあり、女性たちが男性たちに代わって社会を切り盛りしなければならない状況となっていた。

ここで重要なのは、性の不平等は制度的には最大のものであったが、社会の一員、家族の庇護者《ひごしゃ》（文字通り、家族の命を守る者）としての女性の意識においては、権力と制度に縛られた差別的役割を超えて、とうに男性のそれと同等のものになっていたということだ。

一九一七年の前後には、革命家の女性たち、女性解放運動家たち、待遇改善を求めた女性兵士たち、ストライキを行った洗濯女たち、革命に反対した信仰に生きる女性たちや農村の母親たちといったように、さまざまな地域で、さまざまな環境にある女性たちがエネルギッシュに活動を展開していた。

革命の受難者――マリア・スピリードノワ

革命家と呼ばれる女性の中でも、その人生の苛烈さで驚嘆を覚えたのがマリア・スピリードノワ（一八八四―一九四一）だった。

ナロードニキには、ペロフスカヤのようにみずからの命を犠牲にすることさえまるで厭《いと》わず、目的に向かって果敢に進んでいく女性が少なくないが、その中でもスピリードノワの過酷な生と、決して折れることのない強靱《きょうじん》さは群を抜いている。彼女の伝記を読んだ者は誰しも、彼女が耐えてみせた拷問や暴力の記述に息の詰まるような思いをするにちがいない。

そしてまた、革命を目指す女性たちの闘いが徐々に緊迫度を増してきていることも感じることだろう。教育や啓蒙、宣伝活動の域を出て、皇帝の暗殺という明確なテロ行為に焦点を合わせた計画の中心には常に女性たちがいた。スピリードノワもまた、要人の暗殺や自害をも視野に入れたテロ行為の実行者であった。

スピリードノワが本格的に革命運動に身を投じるのは二〇世紀に入ってからだ。モスクワの南東五〇〇キロメートルほどのところにあるタンボフ県で生まれ育ったスピリードノワは、貴族の役人の娘だったとはいえ、ロシアの農村で農民たちの暮らしがいかに過酷なものであるかを十分に知っていた。また、一九〇五年の第一次革命の年には、タンボフで農民による一揆も目の当たりにしている。そんな土地で育った彼女は、ナロードニキの流れを汲《く》みながら農民たちのために土地私有制の廃止や均分制の実施を目指す「エスエル

（社会革命）」党の一員となる。

彼女の活動の中でもっともよく知られているのが、ルジェノフスキイ暗殺事件である。一九〇六年一月一六日、タンボフ県のボリソグレブスク駅で警察長官ガブリエル・ルジェノフスキイが五発の銃弾を撃ち込まれて殺害された。ルジェノフスキイは、前年の農民一揆を容赦なく鎮圧しようとした人物で、農民の敵とも映るこの役人の暗殺にスピリードノワはみずから志願したのだった。暗殺は数日かけて実行されたもので、スピリードノワは犯行直後に銃で自害しようとしたが、気絶させられ取り押さえられている。

このとき彼女は、獄中で恐るべき拷問を受けたといわれている。皮膚を剝がされ、顔をめちゃくちゃにされ、歯は前歯しか残っておらず、それでも立たされブーツで蹴られながら仲間の名を挙げるよう責められ続けた。この過酷で異常な警察での処遇をスピリードノワは手紙に記し、それは新聞に掲載されることになる。

その際に彼女は、〈私の死後の三月一一日以降に掲載してください〉と指示しており、これが自分の最後の報《しら》せとなることを確信していたと見られる。激しい拷問のせいで〈頭がひどく痛いし、記憶も薄れて、かなりのことを忘れてしまって、考えを論理的に述べることが難しいのです。胸が痛く、特に興奮すると時々喉から出血します。片方の目は何も見えず、光を感じるだけ〉と体の不調を説明しながらも、最後の一文には、〈私は素晴らしく気分がいいのです。私は元気です、穏やかな気持ちで死を待っています、朗らかで、幸せです〉[*3]と書いている。

農民の味方である女性革命家の獄中からの手紙が新聞『ルーシ』に掲載されると、ロシア全土で彼女を支持する大きな世論が形成され、スピリードノワを支持するキャンペーンが展開されたが、三月一二日のモスクワ軍管区裁判所は彼女に絞首刑を宣告した。けれども、一六日後の二八日、死刑台に向かうはずだったスピリードノワに、無期の重労働刑に減刑された旨が伝えられたのである。

ちなみに、このブトィルカ拘置所にはエスエルの同志であるアレクサンドラ・イズマイロヴィチやアナスタシア・ビツェイコ、リディア・エゼルスカヤ、レヴェッカ・フィアルカ、マリア・シコリニクがおり、その後の流刑の道をスピリードノワはこの五人とともにしている。テロ行為を肯定するわけにはいかないのだが、自由な発言も結社の自由も選挙権もないツァーリズムのもとで「暗殺」という方法を選んだ革命家たちは、少なくとも当時のナロードには「エスエルの生神女（聖母）」とみなされたようだ。刑地へ移送される六人が通過する場所には、昼夜を問わず人びとが集まり、彼女たちの姿を目にして喜び、嗚咽《おえつ》し、花束や食べ物や金銭が尽きることなく手渡されたとイズマイロヴィチは回想している。とりわけスピリードノワは、人びとに「ナロードの庇護者」「受難者」のイメージを想起させたのである。

一九一七年に二月革命が起きると、臨時政府の法相となったアレクサンドル・ケレンスキイ（一八八一―一九七〇）はスピリードノワらを釈放した。しかし彼女は、エスエル党が臨時政府と連立を組み、第一次世界大戦の継続を支持したことに反対だった。そのため、一〇月のボリシェヴィキ革命を支持したのである。これには、ボリシェヴィキの政策が彼女の思想と一致を見たという点が大きい。ソヴィエト政権による「平和に関する布告」と「土地に関する布告」*4は、常に農民の権利と平和な社会を唱えてきたスピリードノワの夢でもあった。

しかし、一二月にはボリシェヴィキと左派エスエルの連立政権ができたものの、スピリードノワは、このときにはボリシェヴィキの農業政策に賛成することができず、一九一八年三月に政権を離れてしまう。

以後は反ボリシェヴィキの立場に移り、再び体制との闘いが始まるのである。逮捕、投獄、精神科病院への収容、国外追放などを繰り返しながら、革命のために闘ってきたスピリドノワは、今度は「反革命」の罪で当局に監視され続けることになる。スターリンの大テロルが吹き荒れる一九三七年、彼女は再び逮捕された。もう何度入ったかわからないモスクワの政治囚用のブトィルカ拘置所で彼女は、〈人道を示し、すぐに殺せ〉と要求している。最高裁で懲役二五年を宣告されたとき、スピリードノワはすでに五〇歳を超えていた。

一九四一年九月、オリョール刑務所に服役している政治囚一五七名が、刑務所近くにあるメドヴェージェフの森でNKVD（内部人民委員、KGB＝秘密警察の前身）の将校たちに銃殺されるという事件が起きた。破壊活動を再開するために逃亡の準備をしたとされ、殺された人びとの中には、一九三六、三七、三八年と三回にわたって行われた、「モスクワ裁判」と呼ばれる、スターリン時代の反革命分子に対する公開裁判で有罪となった著名人たちが数多くいたが、それに加えて、この事件の死亡者リストには、トロツキイの妹のオリガ・カーメネワ（一八八三―一九四一）や、ボリシェヴィストのニコライ・ヤコヴレフの姉ヴァルヴァーラ・ヤコヴレワ（一八八四？―一九四一）と並んで、スピリードノワの名もあった。幾度も死を覚悟しつつ革命を目指した人は、革命が成就された後に、反革命の罪を着せられて処刑されたのだった。

ロシア革命の祖母――エカテリーナ・ブレシコ＝ブレシコフスカヤ

「ロシア革命の祖母」という愛称をもつ古参の女性革命家は、ナロードニキ運動に加わったエスエル党のリーダーの一人だ。

ドニエプル川左岸に位置するチェルニゴフ県でおもに子ども時代を過ごしたエカテリーナ・ブレシコ＝ブレシコフスカヤ（一八四四―一九三四）は、家庭内での教育を受けた後に女子ギムナジウムを卒業、二四歳で地主のニコライ・ブレシコ＝ブレシコフスキイと結婚している。

エカテリーナが生まれたのは、帝政時代のヴィテプスク県のイヴァノヴォ村というところ（現在はベラルーシ領）で、のどかな農村だった。父のコンスタンチン・ヴェリゴについては詳しくはわからないのだが、当時としてはかなりの先進的な考えをもつ人物で、エカテリーナが生まれてからは、治安判事の仕事をしていたらしい。治安判事のもとには、住民たちからさまざまな相談や依頼事が舞い込んでくる。農奴解放や学校の設立のために尽力したという父の仕事を手伝う中で、エカテリーナの農民へのまなざしと革命への思いは熱を帯びていったのかもしれない。そういえば、ザスーリチも治安判事の事務所で働いていた際に農民たちの苦しみに触れる経験をしたのだった。

「ロシア革命の祖母（バーブシュカ）」といわれるブレシコフスカヤが革命家になったのは他の人たちに比べると遅い。一八七三年、二九歳のときに、エカテリーナは父の領地で労働者たちの会合の場を作ろうと考えたのだがうまくいかず、ウクライナのキエフへと向かった。キエフにはこの時期、革命をより大がかりなものにしようと夢見る若者たちがおり、運動を組織化するために経験豊かな仲間を探していた。ブレシコフスカヤは、知識層の若者たちのコミューンに入り、そこで「チャイコフスキイ団」のメンバーたちと知り合いにな

エカテリーナ・
ブレシコ＝ブレシコフスカヤ

った。そして、本やビラを読むだけでなく、ナロードの中に入り込もうと決意したのである。キエフのコミューンでは、地元の活動家だけでなく他の都市から来た若者たちとの出会いもあり、その後の革命家としての意識に大きく作用したようだ。

翌年の一八七四年から、ブレシコフスカヤは、人生の三分の一を獄中で過ごすことになるほど激しい革命家としての活動を開始する。キエフからペテルブルクへ戻ったブレシコフスカヤは、地下活動家らとコンタクトを取り、「ヴ・ナロード」運動に着手した。しかし、農民たちは、見知らぬよそ者を容易には信じようとせず、反対に当局に訴えられることもあって、活動は不首尾に終わった。

運動のせいで逮捕されたブレシコフスカヤは、シベリアに流刑となる。一八七四年以降の彼女の人生は、逮捕と流刑、亡命、帰国後の再逮捕と流刑と、穏やかな生活の時間を欠く苦しいものとなった。ロシア中の拘置所や刑務所、流刑地を経験した彼女の回想記『ロシア革命の隠された根　偉大な女性革命家の引退宣言　一八七三―一九二〇』には、ブトィルカ拘置所のことや、ペトロパヴロフスク監獄、キエフ刑務所、ブラツラフスカ刑務所、流刑地までの行路やシベリアからの脱走のことなど、帝政ロシア時代の女性政治囚の処遇が詳細に記録されており、貴重な歴史資料となっている。

それでも、すべての刑を生き延びたブレシコフスカヤは、二月革命が起きると釈放され、ケレンスキイの臨時政府に加わったが、十月革命に反対してチェコスロヴァキアに亡命した。

ナロードニキの女性革命家たちが希望を見出したはずの「ヴ・ナロード」は、農民たちの理解を得られず失敗に終わったといわれる。けれども、ブレシコフスカヤの回想には、農民たちに対する失望などはまったく見られない。「ヴ・ナロード」運動は、農民たちに理解させる運動ではなく、活動家たちが農民を理解するという結果に終わったが、彼女の中で、それは否定すべきことではなかったようだ。

回想の第二五章「農民たち」という章でブレシコフスカヤは、インテリゲンチャたちは農民の魂《ドウシャー》への理解をどんどん欠いていったと指摘している。彼らは、外国風の考え方しかせず、農民たちの要求を正しく理解してはいなかったのだ、ロシアの農民たちが欲しているのは、自分の土地で平和に働くことだけなのだと。〈ロシアの農民層の力に対する私の評価は捏造《ねつぞう》でも誇張でもない。彼らはあらゆる災難にもかかわらず、数千年にわたって人口を増やしてきたのだ〉とブレシコフスカヤが言うとき、広大なロシアの大地を耕し、切り開いてきた農民たちが、タタールの軛《くびき》や農奴制といった国家や制度によって階層ごと下層へ追いやられ搾取されるだけの存在にされた歴史を見ている。たとえ革命といえども、政治や役人を彼らが信じようはずもない。

当時のロシアの農村の住まいは、木造で藁《わら》ぶき屋根だった。平均すると、一五年に一度という頻度で村ごと全焼してしまうほど火災の被害が多かったという。その際、国家は何も援助をしない。公的な保障が何ひとつない中で焼け出された農民は、施しを求めて被害に遭わなかった地域を歩く。トータルで年間に数百万ルーブルもの施しが集まったという。そして、教会を再建するために最後の小銭さえ差し出す者たちもいた。農民たちのこうした気質は、都市部のインテリゲンチャらがいう「信仰」という一言で片づくものではない。これを理解するためには、精神と肉体、死と生、罪と罰という二項対立を手放すことがまず必要であったという自戒を、ブレシコフスカヤの筆は過去の自分に伝えようとしているかのようだ。

十月革命の女たち

ここからは、ロシア史上もっとも有名な女性たちに登場してもらおう。女性たちの歴史を書くにあたり、これまで彼女たちに付されてきた肩書き――「レーニンの妻」とか「レーニンに愛された女」だとかを二つ名のように使うことはしたくなかった。女性たちにもそれぞれの思想と主体性があり、それは革命のリーダーであったレーニンと相容《あいい》れないことも少なくはなかった。

革命家たちの運動は、思想や活動の理念によって小さなグループが結成され、分割や統合を重ねてしだいに大きな組織となり、党を名乗るに至った。十月革命の女性たちは、ボリシェヴィキの女性活動家たちということになるわけだが、彼女たちはナロードニキの次世代にあたる若い面々だった。

前述したように、ナロードニキの女性たちは、十月革命後には反体制派となるか、政治の舞台から姿を消している。一九一七年までは革命家として活動し、十月革命後は体制側の人間となったのがおもにボリシェヴィキのメンバーということになる。ソ連についての言説はレーニンを中心として、その周囲の力関係が記述される。政治はおおむね男性だけのものだった時代だから、革命の顔が男性に代表されることは事実として否めないのだろうが、だからこそ、そこに加わった女性革命家たちの思想と業績は今後もっと考察されるべきではないだろうか。

女性たちを革命に——アレクサンドラ・コロンタイ

一八六〇年代以降活発になったロシアの女性解放運動は、やがて革命運動とひとつになり、男女平等の社会を前提としたソヴィエト連邦の誕生に至った。ボリシェヴィキには有能な女性たちが存在したが、その中でもひときわ目立ち、現在も世界でもっとも知られているのがアレクサンドラ・コロンタイ（一八七二—一九五二）だ。ボリシェヴィキの中心人物として、フェミニストとして、そして自由な恋愛を鼓舞する「新しい女性」のシンボルとして、コロンタイのイメージは多様なようでいてステレオタイプなものでもある。日本でも、コロンタイの『赤い恋』[*5]に代表される恋愛小説が紹介され、そこに描かれる女性たちと恋愛・結婚のありようは、二〇世紀初頭の常識からはかなり逸脱した奔放なものと捉えられた。コロンタイについては日本語でも読むことのできる情報が数多くあるため、彼女のバイオグラフィーは簡単な記述に留め、その思想について言及したいと思う。

コロンタイは、一八七二年にペテルブルクの裕福な貴族の家に生まれた。父は露土戦争*6で功を成した将軍で広大な領地をもつ地主であり、母はフィンランド人で、農民出身で財を成した製材工場主の娘だったとされている。コロンタイの出自として語られる「農民出身」の父は、実際には広大な土地をもつ地主貴族だった。革命家たちには高等教育を受けた貴族出身者が多く、その中でも富裕層に属し、有産階級の人間であることはコミュニストの出自としては心苦しい感があったのかもしれない。

アレクサンドラ・コロンタイ

知的で芸術的な環境で育ったコロンタイは、文学を愛し、数カ国語を身につけたが、親が決めた相手との結婚を逃れ、一八九三年に、遠縁にあたる貧しい将校だったウラジーミル・コロンタイと結婚した。しかし、五年後、二六歳のコロンタイは、夫や子どもと別れて革命運動に身を投じることを決意するのである。スイスへ渡ったコロンタイは、チューリッヒ大学へ入学、ここで出会った教授に薦められて翌年にはイギリスへと向かう。イギリスで労働運動について学びながらさまざまな人たちとの知己を得、その後のジュネーヴではプレハーノフと出会うことになる。

一九〇五年の第一次革命のときに、コロンタイはペテルブルクでレーニンと知り合った。これ以降、彼女に影響を与える人物が、プレハーノフからレーニンへと変わっていくのだが、それでもプレハーノフへの信頼と友情も強く、コロンタイはボリシェヴィキとメンシェヴィキのどちらかを選ぶことができなかったと後に回想している。ともあれ、第一次革命を機に、彼女は本格的にロシア国内での革命運動に力を入れるようになった。

コロンタイの運動の核となっているのは、女性たちをめぐる諸問題だ。女性解放と反戦・平和を求める姿勢は、彼女の活動を通して揺らぐことのないテーマであった。家父長制と資本主義経済のもとで、女性たちが心身ともに幾重にも搾取され、権利を与えられず、自由の何たるかも知らぬままに、男性優位の社会で常に抑圧された生を強いられることを是とする政治へのプロテストである。

女性たちを革命運動の大きな力とすることを、コロンタイはレーニンに根気強く提案している。革命が実現すればおのずと男女平等な社会が来る、女性だけにこだわる必要はないと主張するレーニンを説得し、一九一三年には、革命前のロシア帝国で国際女性デーのデモを実現している。

同年二月一七日付の『プラウダ』[*7]には、「『女性の日』とは何なのか？　誰に必要なのか？　ブルジョワ階級の女性たちやフェミニスト、同権主義者たちへの譲歩なのか？　労働運動の統一性を損ないはしないのか？」と題されたコロンタイによる記事が掲載されている。コロンタイは、ロシアではまだそうした疑問の声が聞かれるが、諸外国ではもうそんなことはなく、ロシアは遅れているのだということを暗に指摘している。そして、女性デーは女性の労働運動の揺るぎない連鎖であり、労働者階級の女性たちが団結し大きな一団となることは、具体的な社会問題を解決する上で侮れない力となると説く。したがって、女性たちが無知で無力で無関心であることは、労働者階級全体にとって不利益なことであるばかりか有害だと主張するのである。ここには、女性こそが運動の力として不可欠なのだというコロンタイの信念が簡潔で無駄のない文章で表現されている。

そして翌年の一九一四年の三月八日には、クループスカヤやアルマンドら他の女性革命

『労働婦人』創刊号

『労働婦人』1927年2月号

家たちとともに雑誌『労働婦人《ラボートニツァ》』を創刊する。『労働婦人』は雑誌とはいえ、この時期はまだタブロイド版の新聞の体裁をとっており、一面には「創刊の言葉」として、〈雑誌『労働婦人』は働く女性を助けたい。本誌は、いまだ意識の低い働く女性たちに対し、彼女たちの利益を明確にしていくつもりだ。彼女たちの利益は、ロシアのみならず、すべての国々のすべての労働者たち、ならびに、労働者階級全体に共通のものであることが示されるだろう〉と、力強いメッセージが載せられている。『プラウダ』では、同志である活動家たちに向けられている声が、ここでは女性たち自身に呼びかけているのである。

紡績工場などの過酷な条件下で働く女性労働者たちを目の当たりにしたことで、女性解放運動と政治活動に乗り出したコロンタイにとって、女性にとっての労働は「死なない」ためのものであってはならない。専制政治や戦時下で暮らすことを余儀なくされ、「生き延びる」ことが目的となるようなときにこそ政治や革命は「男の仕事」ではなくなり、女性が自己を主張し、男性と対等な立場で政治に参加する機会である——これがコロンタイが執筆した多くの綱領やエッセイに通底する理念である。二〇世紀初頭のロシアは、日露戦争、第一次世界大戦と戦争が相次ぎ、革命運動に火がついた——今こそ立ち上がるときだと女性たちに熱心に呼びかける理由もここにあるようだ。

同時に、反戦の意見も表明されている。第一次世界大戦中の一九一六年に執筆された『誰に戦争は必要か』*8の中でコロンタイは、戦争と資本主義がいかに分かちがたく結びついているのかを詳しく説明している。一〇〇年以上前のこのテキストは、今の私たちにも非常に現実味のあるものだ。〈戦争の罪は誰にあるのか?〉という問いを提示したコロンタイは、悪いのは〈資本家、銀行家、地主、彼らのパトロンと友人たち、王や皇帝、大臣や外交官たち〉であり、この手の連中は〈分かつことのできない強盗集団〉だと断罪する。戦争は、国を護《まも》るためのものではなく、一部の資本家や高官のために農民や労働者が命をかけることを強いられるものである、それゆえに〈私の敵は自国の内部にいる〉というのである。コロンタイのこの主張は、二〇二二年二月に開始されたウクライナへの軍事侵攻後、ロシアのフェミニストたちによって再発見され、熱心に読まれていた。

このように、革命を必要とする当時の情勢と女性を取り巻く現実を把握し、説明を尽くそうと努めたコロンタイの執筆活動は、ボリシェヴィキ革命の後になると、新しいソ連の女性たちはいかにあるべきかを示す一連の小説にも拡張することになる。当時日本でも翻訳で紹介されたフィクションの代表作『赤い恋』（松尾四郎訳、世界社、一九二七）、『恋愛の道』（林房雄訳、世界社、一九二八年）、『偉大な恋』（中島幸子訳、世界社、一九三〇年）といった作品は、社会主義国家における「新しい女性」のあるべき生き方を描こうとしている。革命によって家父長制から自由になったソ連の女性たちが、性的にも自身の欲望に素直に振る舞うことを是とするこれらの小説は激しい議論を呼び、日本の女性コミュニストを代表する山川菊栄《きくえ》も、コロンタイが描く性的に放縦な女性像については断固反対した。コロンタイ自身は、少し後の日記の中で、自分の恋愛小説がさまざまな言語に訳され議論を呼んでいることを喜んでおり、批判も含め、女性の性は現状のままでよいのかという問題にそれぞれの社会で話し合うための一石を投じたことで自分の目的は果たせたと言っている。

旧体制が終わり、社会や国家の制度が大きく変化する中で、コロンタイは、ソ連で暮らす女性たちを襲う不安を払拭しようとしていたように見受けられる。コロンタイの書いたものは政治的なものもフィクションもすべて、女性の意識改革を呼びかけながら、その過程で誰もが直面する戸惑いや揺らぎを肯定してもいる。コミュニストとしての理想や思想と小説で描写される女性のリアルな心理や行動原理は決して異なるものではなく、コロンタイの内では自然に融合していたように思う。

その背景には、ボリシェヴィキが十月革命後すぐに婚姻法や家族法を作り、新しい社会における新しい結婚のあり方を提示したこともある。結婚や家庭をめぐる伝統的な価値観をすべて否定され戸惑いを覚える人たちにとって、一九二〇年代に発表されたコロンタイの小説は、「新しい女性」のロールモデルを示すものでもあったし、新たな法や制度の喧伝の役割も兼ねていた。他の作者による同様の小説も当時の定期刊行物などに掲載されていたが、恋愛や性についてもっとも先進的だったのはやはり、コロンタイの作品だった。

コロンタイが夢想した未来の社会、自由で平等な世界像は、「コロンタイズム」と呼ばれた恋愛論に収まることのない、確固たる女性の生を条件としている。

そして、実はコロンタイには、恋愛小説ではない小説もある。例えば、一九二三年に執筆された短編「もうすぐ！　四八年後」は、一九七〇年代のクリスマスを舞台にした近未来小説で、世界革命が実現し、すべての人が各地域で国境のない平和な共同体を形成し、幸福に暮らす様子が、高齢者施設で余生を送る老いた女性革命家の視点から描かれている。このような作品をも補完した上で、コロンタイという女性解放運動家の思想を再考するべきときではないかと思う。未紹介の著作の邦訳を含め、この仕事もまた、私たちに残された課題である。

一九二〇年代に入ると、コロンタイは外交官としての仕事に従事することになるが、実質的にはソ連の内政から追放されたに等しい。世界初の女性大使と言われはしても、ソ連国内では発言権を失ってしまったのである。

労働者に学習と教育を――ナデージュダ・クループスカヤ

ナデージュダ・クループスカヤ（一八六九―一九三九）は何よりもまず教育者である。彼女は教育学博士の学位をもつ研究者でもあり、コロンタイ以上に多くの論文を執筆していて、日本でもかつて熱心に研究された時期がある。

ペテルブルクに生まれたクループスカヤは、一八八三年に軍人だった父が亡くなると、母とともに、革命家ニコライ・ウーチンの世話になった。ウーチンはマルクスとも直接交流のあった人物で、クループスカヤの父はウーチンの助手のようなことをしていたらしい。父やウーチンの影響もあってか、クループスカヤはナロードニキやエスエルの活動家たちとも通じ、テロの手法の知識もあったという。

ベストゥージェフ女子校に入学したが、クループスカヤはそこでの勉学に満足できなかった。ベストゥージェフは当時としてはかなり豪華な教授陣を揃えていたが、クループスカヤはその古典的な教育方法に満足できず一年で退学している。マルクス主義のサークルに加わったのもこの時期だ。

ナデージュダ・クループスカヤ

ベストゥージェフを中退したクループスカヤは、夜間・日曜学校の教師をしながら宣伝活動を行う。もともと彼女は、子どもの頃から農村の教師になるという夢を抱いており、子どもから大人までを視野に入れた教育活動を常に想定して学んでいたようだ。

一八九四年、クループスカヤは若きマルクス主義者ウラジーミル・レーニンと出会い、ともに労働者階級解放闘争同盟の立ち上げに参加するが、間もなく二人は逮捕される。クループスカヤは一八九六年八月に逮捕、シベリアに流刑となった。その後、一八九八年にレーニンと結婚、同年にロシア社会民主労働党に入党している。クループスカヤは一〇以上のペンネームや活動名を使いながら宣伝活動や新聞・雑誌の編集・出版などに携わって、その間、一時的にヨーロッパに避難しながらも、常に教育関係の仕事や思索を行っていた。前述の『労働婦人』の編集や執筆にもサブリナという筆名で参加しており、思想的な立ち位置がまだ定まっていない当時の市井の女性たちが社会主義思想へ関心を向けるような誌面作りに尽力している。

革命家であり教育者であるクループスカヤの思想と活動の最大の特徴は、教育改革である。それは、教育を労働と切り離すことなく再構築し、社会主義国家での実践に適したカリキュラムに仕上げ、労働者と教育機関、そして国家が相互に成長していくことを目指すものであった。子どもの教育を未来の労働者の育成と考え、集団主義的な観点に基づいた教育理論を構築したこと、したがって、個々の子どもの個性や未来の多様性が排除されてしまうことなど、現在の視点からすれば容認できない点も多々ある。言えることは、クループスカヤの思想においては、革命と教育が分かちがたくひとつになっていたということだ。そしてその思考の過程で、クループスカヤが諸外国の教育論や教育の動向を丹念にチェックしていたことも指摘しておかなければならない。けれども、教育の普及と実現した革命が、集団主義の枷に囚われてしまったという事実は、現在の私たちにとっても無視できない教訓である。

さらにクループスカヤには批判すべき点がある。ひとつは宗教の否定、とりわけ古儀式派の否定にあった。古儀式派は一七世紀にニーコン総主教によって行われたロシア正教の改革に反してこれを離れた分派で、彼らもまた抵抗の人びとなのだが、〈富農階級との闘争は、同時に古儀式派との闘争である〉というよく知られたクループスカヤによるテーゼは、革命後、聖職者から一般の信徒に至るまで甚大な弾圧をもたらすことにもなった。

加えて、一九三六年にスターリン体制が中絶を違法化した際に、これを支持した点も指摘しなければならない。ソ連は一九二〇年に世界で初めて妊娠中絶を医療行為として合法化したが、スターリン時代に入ると革命直後の女性政策は見直され、覆されていく。現在のプーチン体制と同様に、伝統的な家族の価値観を再評価することを決定したスターリンは、革命の功績のひとつであった中絶の自由を女性たちから奪ったのだった。このときのパンフレット「母子に関する新法」の序文でクループスカヤは、非常に回りくどい表現で新法の意義を説明しようとしている。つまり、一九二〇年とは状況が異なり、中絶はもはやかつての必要性を失ったということ、スターリンの配慮のもとで女性たちは活躍し始めており、女性をめぐる問題は新たな段階に入っているというのである。

このパンフレットは、レーニンの遺訓とスターリンへの賛同という典型的な一九三〇年代の文章で、クループスカヤが書いたとは思えないほど歯切れが悪い。スターリン時代に入ると、コロンタイはすでに外交官として実質的な国外追放となっているし、国内に残ったクループスカヤらも、亡くなったレーニンを賛美し、スターリンの政策を肯定する言説を通して、革命は男性の仕事というイメージの流布に加担したようにも思えるのである。

反ボリシェヴィキの女性たち　①アリアードナ・ティルコワ

「革命前夜のフェミニスト」と呼ばれるアリアードナ・ティルコワ（一八六九—一九六二）は、精神的にも経済的にも自立した魅力的な人物だ。

貴族の娘としてペテルブルクに生まれ、文才にも恵まれたティルコワは、クループスカヤと同じギムナジウムで学び、一八八九年にやはりベストゥージェフ女子校へ進学している。

アリアードナ・ティルコワ

「人民の意志」の活動家だった兄や姉の影響を受け、社会の大きな変化が必要だと考える環境で育ったティルコワは、後にカデット（立憲民主党）中央委員会で唯一の女性メンバーとなるが、マルクス主義者にはならず、ブルジョワ自由主義の立場でロシア社会の体制変革を目指す。その理由についてティルコワは、自身の回想の中で興味深いことを言っている。

ロシアのマルクス主義創始者である三者、M・I・トゥガン＝バラノフスキイ、P・B・ストルーヴェ、V・I・ウリヤノフは私の学友と結婚していた。三人とも非常に強くて、友好的でしっかりとした家庭生活を送っていた。彼らのおかげで私は、ロシアのマルクス主義と、いえ、正確にいうと、マルクス主義ではなくマルクス主義者たちと早いうちに知り合った。私は彼らの理論を一度も勉強したことがなかったし、カール・マルクスとその学説やエンゲルスへの手紙のこと、どの版に何が書いてあるとか、何ページにあれやこれやの引用があるとかいう話を聞けば聞くほど勉強する気が失《う》せていった。[*9]

経済学者ミハイル・トゥガン＝バラノフスキイの妻で英文学の紹介者として知られるリディア・ダヴィドワ（一八六九―一九〇〇）と、カデット創設にあたって中央委員を務めたピョートル・ストルーヴェの妻ニーナ・ゲルド（一八六七―一九四三）は、後に夫とともに「解放同盟」を組織することになる。そして、ウラジーミル・ウリヤノフ（＝レーニン）の妻とはナデージュダ・クループスカヤのことだ。友人同士で盛んに議論を重ねながら、マルクス主義に傾倒する者と否定する者との関係が生き生きと描写されている。落ち着いたまなざしで男性陣の議論を記述するティルコワの筆はシニカルだ。

ティルコワは、二月革命後に首都の議員となったが、十月革命後の一九一八年にイギリスへ亡命した。ロシア・ソ連国内の歴史に彼女の名が登場するのはそこまでだが、その後はイギリスで、そして一九五一年にアメリカへ移ってからはアメリカで、亡命ロシア人の支援活動を続けている。その人生の最後まで反ソヴィエトを貫いたという。

反ボリシェヴィキの女性たち　②「女性愛国同盟」

ロシア革命から二年後の一九一九年、ロシア北西部の町アルハンゲリスクで「女性愛国同盟」という組織が結成されている。その名の通り、女性たちから成るこの組織は、ソ連のキリスト教徒たちによる反ボリシェヴィズムのグループである。

アルハンゲリスクは、一七世紀末の皇帝ピョートル一世の治世に海軍基地として発展した地だ。大天使アルハンゲリ（ミカエル）の名を冠したこの町は、ボリシェヴィキ革命後の一九一八年から二〇年の国内戦の間、白軍の拠点として反ボリシェヴィキを掲げる反革命政府が置かれていた。さらに、一九一八年八月には、革命を阻止しようとするイギリスやアメリカによって一時占領されてもいる。

こうしたアルハンゲリスクの反革命的な雰囲気の中で、ロシア正教徒の女性たちによる反ボリシェヴィキ組織「女性愛国同盟」は誕生した。この同盟の活動は、おもに白軍の支援で、国内戦の前線に衣類や食料を提供する拠点を設置したり、負傷兵の救護所を作ったり、教会で寄付を集めたりしていた。そして、アルハンゲリスクに住む人たちにボリシェヴィキとの闘いを呼びかけたのである。

結果はもちろん明るいものではない。一九二〇年、同盟のメンバー一六人がソ連当局に逮捕され、うち一〇人が銃殺刑、または矯正労働収容所送りとなった。同盟の創設者ナデージュダ・ミネイコ（一八七四―一九二一）は一〇年の刑を受けて北方のソロフキ収容所に送られ、東部にあるホルモゴルィ女子矯正労働収容所でチフスに罹《かか》り、収監から間もなく亡くなってしまった。ソロフキは、かつてはロシア正教の聖地だったが、ソヴィエト当局によって特命ラーゲリ（矯正収容所）に変えられ、聖職者や学者など反ソ的であることを理由に逮捕された人びとが多く収容されることになった悲劇的な歴史をもつ場所だ。

一方で、この逮捕と判決は国家体制が定まっていない国内戦の最中に行われており、合法的とはいえなかったため、後に再審となっている。それにより、存命だった女性たちに対しては刑の取り消しや減刑が行われたが、すでに亡くなっていたミネイコは有罪のままとなった。彼女の名誉回復が行われたのは、ソ連崩壊後の一九九二年のことだった。

その他の女性たちには詳しい情報がないが、オリガ・ポヴァロワとその娘のエカテリーナ・ポヴァロワ（一九二六年に逮捕）、四〇歳のアレクサンドラ・コストロミチノワという人は、一九二一年にペトログラードで逮捕された後に脱走を繰り返し、ムルマンスクへたどり着いたが、同年五月二四日にペトログラードのバイパス運河のそばで雪に埋もれた銃殺体で発見されたという。逮捕者の中には、二九歳のオリガ・ゴリデンベルクという名もあるが、彼女やその他の女性たちについては、いかなる人物だったのかわからないままだ。

確かなことは、こうした市井の敬虔《けいけん》なキリスト者たちもまた、宗教を否定しようとしたボリシェヴィキ革命とその後のソ連当局に対して命がけで闘ったということである。

とりわけ、アルハンゲリスクの女性信徒たちの革命時の「偉業」については、作家のアレクサンドル・ソルジェニーツィンも『収容所群島』の中で言及している。

信仰が崩壊するとき、そのときこそ真の信者があらわれるという。正教の神父たちに対する教養ある人びとの嘲笑《ちょうしょう》や、復活祭の夜におけるコムソモール員たちの馬鹿騒ぎや、また中継監獄における無頼漢どものけたたましい口笛の陰に、われわれは罪深い正教会にもやはり初期キリスト教時代の信徒たちに匹敵する娘たち――あのライオンのいる闘技場へ投げ込まれた信者たちの妹たちが成長していったことを見のがしていたのである。

（※収容所には）キリスト教徒の数は多かった。囚人護送《エタップ》と囚人墓地、そしてまたしても囚人護送と囚人墓地の繰り返し――この数百万人にものぼる数字をいったい誰が数えられるだろうか。彼らは誰にも知られずに、まるで一本の蠟燭《ろうそく》のように、自分の足もとしか照らさないで死んでいったのである。それはロシアの最も優れたキリスト教徒たちであった。すべてのくだらないキリスト教徒たちはひるみ、裏切り、そして隠れてしまったのである。[*10]

ちなみに、アルハンゲリスクは、第二次世界大戦後は核実験地とされ、ソ連時代は軍事的理由で関係者以外は立ち入れない閉鎖都市となっていた。革命が、豊かな港をもつ貿易と信仰の町の姿を変えてしまったことを、農民たちのために人生を捧げた多くの革命家たちはどう見ているのだろうか。

反ボリシェヴィキの女性たち　③マリア・ボチカリョーワ

マリア・ボチカリョーワ（一八八九―一九二〇）は、ロシア史上初の女性軍人と言われる人だ。古都ノヴゴロドの農家に生まれたボチカリョーワは、もともとは労働者だったのだが、一九一四年に第一次世界大戦が勃発すると、夫と別れシベリアのトムスクへ向かいロシア帝国軍第二五トムスク予備隊へ入隊する。

マリア・ボチカリョーワ

教育を受けていないボチカリョーワは、回想や手記などを残していないため資料が著しく少なく、その人生の詳細や彼女自身の心情などがわからないのだが、軍人としての彼女は非常に勇敢で恐れを知らず、ニコライ二世にも気に入られていたことが伝えられている。そして、前線では果敢に戦い、男性たちに一目置かれるほどの活躍をしたことも記録されている。

皇帝に忠義を尽くす軍人であった彼女は、二月革命後はケレンスキイに女性部隊の創設を任されている。これによってロシア史上初の女性だけの部隊が登場したのである。この第一次婦人決死隊には二〇〇〇人もの志願者があったという。第一次世界大戦中ではあったが、すでに士気の下がっていた男性兵士たちに代わり、〈もしあなた方（男性兵士）が国を護るために戦えないのなら、私たち（女性兵士）がやってみせましょう〉というスローガンを掲げていた。

その後ボチカリョーワは、紆余曲折《うよきょくせつ》を経て、一九一九年に白軍の総司令官アレクサンドル・コルチャークに女子医療分遣隊の組織を託されている。しかし、ボリシェヴィキに拘束され「人民の敵」として死刑判決を受け、一九二〇年に銃殺された。

革命という歴史の大きなうねりの前後には、無数のさまざまな女性たちが、さまざまな価値観に基づいて活動をした。信仰や民族などを理由に革命を拒否した者たちに目を向ければ、コロンタイやクループスカヤのような歴史的出来事の中心にいた人たちだけでなく、周縁にいながら自分の意志を貫こうとした層の存在にも気づく。その中の大部分については、私たちがどんな資料を繙《ひもと》こうとも、もはや知ることができないという現実もある。それでも、市井の人びとの日記や手紙、回想などから歴史をたどる作業は、一九九〇年以降ロシアで始められ、今も続いている。

第三章　スターリン時代を生き抜いて

スターリンの大テロルと弾圧

七〇年以上続いたソ連時代を通して、体制と闘う人たちにとって、もっとも過酷な時期はスターリン時代だったといって間違いはないように思う。現在のロシアでは、二〇年以上政権を握るウラジーミル・プーチンが、戦争や弾圧に明け暮れてはいるが、突然に逮捕される恐怖や獄死する率はスターリンの大テロルのときには及ぶまい。つまり、「逮捕されるような行為」をしなければ安全でいられるという点ではましだと言うこともできるのである。裏を返せば、スターリンの大テロルは、民族や階級の属性を問わず、行為の是非も問わず、時には何もしていなくても不意に連行され銃殺されるリスクが誰にでも確実にあり、日常生活に恐怖が浸透するほどだったと容易に想像できるのである。

私的なエピソードをひとつ紹介したい。シベリアのノヴォシビルスクに住む七〇代になる知人のロシア人が話してくれたのだが、彼は祖母の顔をたった一枚だけ残された写真で知っている。彼の祖母は、一九三八年のスターリンの大テロルのときに逮捕され、獄中で亡くなったという。逮捕されると、真正面と横顔の写真が撮影される。その写真で早世した祖母の顔を見たことがあると語ってくれた。二〇世紀前半にシベリアの農民だった女性に写真など撮る機会は普通はない。だから、祖母の人生で唯一の写真なのだと。それにしても、おそらく何の活動もしておらず、読み書きもできなかったシベリアの農民だった女性が、政治犯として逮捕されるとはいったい何があったのかと、重い表情で話してくれた。

一方で、ソルジェニーツィンの『収容所群島』を読むと、一九二〇年代、とりわけ一九二四年のレーニンの死後には、すでに「大テロル」が始まっていたことが確認できる。一九三七―三八年にピークを迎えるこの大テロルは、戦争中に一時期鎮まるものの一九五三年のスターリンの死まで続くことになる。ツァーリズムに抗って長きにわたる反体制運動を展開し、ボリシェヴィキ革命をもって万人の幸福と平等を目指す社会主義国家を打ち立てたはずのソ連は、スターリンの台頭をもって完全にその理想を形骸化したに等しい。ロシアの国立文書館の統計資料によれば、一九三七―三八年の二年間だけでも、政治犯として有罪となった人は一三〇万人を超え、その半数以上が死刑判決を受けている。

また、オールド・ボリシェヴィキと呼ばれる旧指導部のメンバーも国内で生き残っていた者のほとんどが粛清された。コロンタイがオールド・ボリシェヴィキであるにもかかわらず粛清を逃れたのは、ひとえに外交官であったからであり、実質的にはすでに追放されていたからだといわれているが、もしもソ連国内に残っていたならばどうなっていたのかはわからない。

レーニンは亡くなり、トロツキイやコロンタイもソ連国内にいない。一九三四年の第一七回党大会の際に代議員だった一九六六人のうち一一〇八人が逮捕され、多くが死刑に処され、党中央委員会のメンバー一三四人のうち一一〇人が死亡（処刑、または自殺）している。こうした事実を踏まえると、積年の活動の結果であった革命とその後の新たな国家体制は、スターリンの登場によって大幅に変更され、ソ連共産党の内実は革命直後のそれとは異なるものになったと考えるべきかもしれない。レーニンの後継者争いについてはさまざまな思惑が語られてはきたが、本来ならば、コミュニズムの理念に基づいたソ連体制が書記長の首が変わるごとに変化するはずがない。

ソ連の反体制運動は、一九六〇年代から本格化したといわれており、実際そうなのだろうが、その淵源は言うまでもなく二〇年間にわたるスターリン時代にあり、数え切れぬほどの弾圧と冤罪《えんざい》と死が、ぶ厚い澱《おり》となってソヴィエト社会全体に沈殿していたように思う。

この二〇年間に失われたもの、奪われたものを取り戻す作業が、スターリンの死後から少しずつ始まり、それは今もなお継続されている。

独ソ戦と戦後

ソ連の反体制派の研究者であるアレクサンドル・ダニエル[*1]（一九五一―）は、スターリン体制下でソ連社会の雰囲気はがらりと変わったという。ダニエルは、著しい変化は一九四〇年代半ばに起きたと見ているが、その前段階として一九三〇年代末には都市部の知識人たちを捉えていた恐怖心や熱狂が消えていき、代わりに政権に対する懐疑心が生まれたという。ここには明らかに、一九三七―三八年にかけての大テロルの強い影響が見られる。さらにこの時期は、政策も二〇年代とは大きく変化し、革命の熱狂を知らない世代が成人する頃でもある。

スターリン時代は、あまりの弾圧と取り締まりの激しさに非合法活動など不可能に近かったと言われることがあるし、確かにそうした面はあっただろうと思う。五〇年代以降に本格化したソ連の反体制運動と、非合法の文化活動がそれまでの反動であったことも確かだ。それでもやはり、運動は突然に始まることはない。三〇年代、四〇年代にも体制に与《くみ》しない人びとの活動はわずかながら存在するし、抵抗の手段はアクティヴなことばかりではない。沈黙と映る態度であっても、そうした小さな活動が地下茎となって後の反体制運動につながったのだともいえるのである。

加えて、一九三九年からの第二次世界大戦（ソ連にとってはおもに独ソ戦）への影響も看過できない。戦争という悲劇にもかかわらず、ソ連市民の心情には安堵《あんど》の色があったともいわれるが、国家の政策が、戦争という他国との戦いにシフトチェンジしたことで、国内でテロルなど行っている場合ではなくなり、ジェノサイドにブレーキがかかったということがまずある。さらに、大テロルの際には身近にいる人びとが「敵」かもしれないという不安に怯《おび》えなければならなかったが、戦争となると「敵」はドイツであり、同胞は味方なのだという非常にわかりやすい敵対関係が示されるため、ソ連市民の心理に肯定的な作用があったのだ。

とはいえ、結果として独ソ戦は、ソ連の人びとにとって大惨劇となった。戦勝国になったとはいえ、敗戦国をはるかにしのぐ戦死者を出したことは周知の事実である。レニングラード（現サンクトペテルブルク）封鎖（一九四一年九月八日から一九四四年一月二七日）というドイツ軍による約九〇〇日にもわたる兵糧攻めでは、数十万人の人びとが餓死し、死者数は総計一〇〇万人を超えたとも言われている。この戦争におけるソ連の死者数は桁違いで、民間人を含め二〇〇〇―三〇〇〇万人の命が失われた。

つまり、ロシア・ソ連では、日露戦争、第一次世界大戦、革命、国内戦、亡命、大テロル、独ソ戦と、二〇世紀前半だけでも多くの命が失われる（あるいは国外へ出る）出来事が重なり、深刻な人口減に陥ったのである。そして、その多くが男性だったため、一九五〇年代以降は人口の男女比にいびつな現象が生じている（ソ連の人口調査は一九五〇年からしかデータが存在していない）。人口の激減は、ダイレクトにその後の少子化と人口減につながる。人口の減少は、国家にとっては脅威のひとつとみなされるから、この問題を解決するために一九四五年以降のソ連では、少子化対策として中絶や結婚という女性の生に関わる政策が次々に試されることになる。中絶の禁止や多産の奨励、そのための母親英雄や勲章の制定もその一環だった。しかし、ソ連崩壊まで少子化問題が解決することはなかった。

ジダーノフ批判

独ソ戦の間は、それまで執筆や作品発表の機会を奪われていた作家や詩人たちも戦地のルポや士気を高めるための詩作などで一時的に表舞台に駆り出されることになったが、戦争が終わるや否や再び弾圧が始まった。

一九四六年八月、後に「ジダーノフ批判」と呼ばれるイデオロギー統制のための芸術家たちへの攻撃が始まる。中央委員会書記のアンドレイ・ジダーノフの名を冠したこの出来事は、何よりもまず文学者たちに対して行われたのだった。批判の矛先が向けられたのは、作家のミハイル・ゾーシチェンコ(一八九四―一九五八)と詩人のアンナ・アフマートワ(後述)だ。

ゾーシチェンコは、革命直後のペトログラード(現サンクトペテルブルク)のモダニズム文学の潮流において、一九二一年に文芸サークル「セラピオン兄弟」の一員として本格的な文学活動を開始した人気作家だ。独特な語りの文体と方言や俗語を含む豊かな語彙で社会を軽妙に風刺するゾーシチェンコの作品はすぐさま読者を魅了し、作家としての地位を確立した。

しかし、戦時に欧米諸国との交流で持ち込まれた外国文化の影響などもあって（戦争には他国との文化交流という側面もあった）、ソ連では唯一の芸術形式とされた「社会主義リアリズム」にそぐわない作品が目立ち始め、戦争が終わるとすぐに当局は取り締まりを強化したのである。

その際にゾーシチェンコの風刺的な小説はやり玉に挙げられ、ソヴィエト作家同盟から除名されてしまう。ソ連時代の文筆家にとって、作家同盟から排除されることは、国内での出版の可能性を失うことであり、作家を名乗ることも作家として生計を立てることも不可能になることを意味した。ゾーシチェンコはその後、生活が困窮し、ひっそりと死を迎えることになる。彼の著作が検閲による修正なしに国内で出版されるようになるにはソ連崩壊を待たねばならなかった。

一方で、詩人アフマートワと支援者らは、沈黙の抵抗ともいうべき行動をとる。

書けずとも記憶で抗う——アンナ・アフマートワ

ロシア文学を代表する大詩人として世界に知られるアンナ・アフマートワ（一八八九—一九六六）は、二〇世紀初頭の銀の時代と呼ばれる詩の隆盛期に登場した、ロシア文学史に欠くべからざる存在である。

しかし、革命後は、元夫のニコライ・グミリョフが反革命の廉で銃殺され、息子のレフ・グミリョフも一九三五年以降、一度ならず逮捕され収容所へと送られるなど、アフマートワの心労は絶えることがなかった。

一九世紀のロシア詩の伝統を受け継ぎながら、個人としての女性の心情を謳《うた》い上げるアフマートワの詩は、もちろん革命や労働を讃《たた》える雰囲気になじまなかった。恋愛や性をテーマにすることの多かったアフマートワは、革命に同調しない「反革命的」な詩人という評価に晒されることになる。その結果、一九二二年に出版された第五詩集を最後に、詩人アフマートワとしては沈黙を強いられることになった。

アフマートワの周囲は一九二〇年代半ばから不幸が続いていた。一九二五年に詩人のセルゲイ・エセーニン（一八九五―一九二五）が自死、一九三〇年にはやはり詩人のウラジーミル・マヤコフスキイ（一八九三―一九三〇）も命を断った。銀の時代を代表する、同じアクメイズムという流派の友人だった詩人オーシプ・マンデリシターム（一八九一―一九三八）も一九三三年を最後に発表の機会を奪われ、スターリンを批判する詩を書いたとして三四年に逮捕、南部の都市ヴォロネジに流刑となる。三八年に再逮捕され、ウラジオストクの中継収容所で病死している。そして、一九三三年以降は、息子レフが繰り返し逮捕され、ノリリスクやカザフスタンなど各地の収容所へ送られた。スターリンの弾圧は、作家や詩人、芸術家たちの犠牲者が非常に多い。

アンナ・アフマートワ

それでも、亡命という逃げ道も封じ込まれ、抗う術のない数年間をなんとか生き延びた者は、永遠に沈黙したままでいるわけではない。

詩人は創作を続ける。詩人たる彼女にとって詩作は命をつなぐことでもあり、抵抗の手段でもある。権力側の人間たちは、作品の発表や出版、流通を阻むことはでき

リディア・チュコフスカヤ

るだろうが、創造の行為をとめることなど不可能だ。創造は個人の営みであり、紙やペンや印刷機がなくても可能なのだから。

当局に禁止された詩人が詩作を続けることを、本書では体制に抗う活動に加えたいと思う。アフマートワの「書かれざる」詩を後世に残すために何が行われたかを知れば、誰もがそれに納得してくれることだろう。

編集者で作家のリディア・チュコフスカヤ（一九〇七―一九九六）が書いた『アンナ・アフマートワをめぐる覚書』（一九八〇）には、チュコフスカヤとアフマートワが出会った一九三八年から、戦争が始まる一九四一年までの回想が綴《つづ》られている。そこには、沈黙の中で、社会的には「詩人」の肩書きを奪われ、忘れられかけたアフマートワが、詩人であり続けたことを明かす真実がある。

アンナ・アンドレーエワ（※アフマートワの敬称）は私を訪ねてくると、「レクイエム」の詩行を読んでくれた、やはり囁《ささや》くような声で、でもフォンタンヌイ・ドームの自分の部屋では囁くことさえ躊躇《ためら》った。会話の途中で彼女は黙り込み、不意に私に目で天井と壁を指すと、一片の紙と鉛筆を手に取った。それから大きな声で何かありきたりのことを言った、「お茶はいかが？」とか「ずいぶんと日に焼けたのね」とか。そして紙片いっぱいに素早く文字を書くと私のほうに差し出すのだった。私は詩を読み暗記すると、黙ってそれを彼女に返した。「今年は秋がとても早いわね」と、アンナ・アンドレーエワは大きな声で言いながら、マッチを擦り、灰皿の上で紙を燃やした。それは儀式だった——手、マッチ、灰皿——素晴らしくて悲しい儀式だった。

これは、アフマートワの詩を若いチュコフスカヤが記憶することで残そうとするやりとりの一場面だ。紙に書いておけば証拠を残すことになる、詩人が詩行を声にすれば盗聴される危険があるから、たわいのないお喋《しゃべ》りをしているように見せかけながら詩行を黙って小さな紙片に書く、それを記憶したら燃やすという作業を二人は繰り返しているのである。アフマートワよりも一八歳年下のチュコフスカヤは、執筆できない大詩人の詩を後世につなぐため、記憶という手段によって保存することに手を貸した一人だった。こうして残った詩がアフマートワの代表作のひとつである長編詩『レクイエム』である。

『レクイエム』は、おもに一九三四年から四〇年にかけて創作された作品で、スターリンの大テロルのときに夫が逮捕され、連行される場面から始まる。反革命的な詩人として弾圧されていたアフマートワは、ソ連時代には当たり前のように行われていた予期せぬ家宅捜索などによって没収されぬよう、紙で作品を残すことを諦める。この長編詩は詩人自身を含め一一人の記憶によって保存され、二〇年の時を経て、一九六二年に記憶から紙へと移された。記憶に加わった人たちの中でもっとも若かったチュコフスカヤは、最後まで生き残る可能性がもっとも高いことを期待されてもいた。

こうした抵抗の仕方は、『レクイエム』だけでも、アフマートワに限ったものでもない。記憶は他者に介入されず、押収されることもない。ましてや恒常的に紙が不足していたソ連社会においては、人間の記憶こそが無限の容量をもつメモリだった。権力に抗う術は動的なものばかりとは限らない。壁の耳に注意を払いながら「儀式」に取り組む二人の女性を思い浮かべるとき、その強靱な精神力と、詩＝言葉を未来に残すことの意義に対する認識を再考せざるを得ない。

アフマートワを取り巻く緊張感は、ゾーシチェンコとともにジダーノフ批判の対象となったことでさらに強まった。アフマートワの詩は「気狂《きちが》いじみた女の自画像」であり、「売春と祈禱《きとう》の混ぜ物」だとして、社会にとっては害悪だと罵られた。作家や詩人を襲った四〇年代のこのスキャンダルは、六〇年代になるとさらなる「事件」となっていくつかの文学をめぐる裁判を歴史に刻むことになる。

エヴゲニア・ギンズブルグ

『険しい行路』表紙

回想を書く女たち

一九六七年に、イタリアのミラノで一冊の回想記が出版される。エヴゲニア・ギンズブルグ（一九〇四―一九七七）の『険しい行路』[*2]である。その「まえがき」をギンズブルグは次のように始めている。

もうすべては終わりを告げたこと。わたしも、わたしと同じようなほかの大ぜいの人たちも、第二〇回（一九五六年開催）および第二二回党大会（一九六一年）まで生きながらえるしあわせに恵まれたのだ。わたしがあのようなできごとに見舞われたのは一九三七年のこと、三〇歳をすこし出たばかりのときであった。いまはもう——五〇すぎ。このふたつの次元の間には、あそこで過ごした一八年の歳月が横たわっているのだ。

ギンズブルグはソ連共産党の党員で、大学で共産党史を教えていた。また、当時のソ連の最高統治機関であった中央執行委員を務めるパーヴェル・アクショーノフを夫にもつ人物でもあった。その人がスターリンの粛清に巻き込まれ、一八年間を収容所やシベリアで過ごすことになったのである。

彼女は、一九三七年にトロツキスト的思想グループに関わったとして逮捕される。ギンズブルグは当時『赤いタタール』という新聞で記者の仕事もしていた。この新聞の編集委員だった教育大学のニコライ・エリヴォフ教授の執筆した論文が「トロツキスト的」だとみなされたのである。ギンズブルグはエリヴォフの知人であったにもかかわらず、彼が有害分子であることを暴かなかったとして罪に問われた。

党のため一度ならず三度でも死ねと命令されたならば、ためらうことなくこれを実行したであろう。党路線の正しさについては、わたしはいささかの疑念もさしはさんではいなかった。しかし、スターリンだけは（本能的にとでもいうのだろうか！）どうしても神格化することができなかった。当時もう、そんな流行のはしりがうかがわれていたのだ。しかしわたしは、かれに対するこの警戒心は、人に感づかれないよう心の奥に隠していた。

ギンズブルグは、逮捕されるまでは非常に誠実な「ソヴィエト人」であった。スターリンへの嫌悪感はあれ、それはあくまでも〈本能的〉なもので、内に隠していた。つまり、反体制的なことは何もしておらず、何もするつもりもなかった、ただ真面目に暮らしていた優秀な女性が、無実の罪で突然に逮捕されたわけだ。『険しい行路』は、この逮捕劇から始まる彼女の長い「政治囚」としての年月が詳細に語られる回想記である。

ギンズブルグの運命は過酷なものだった。懲役一〇年の刑となり、夫や両親も逮捕、幼い息子は子ども用ラーゲリへ送られることになる。モスクワの未決囚用のレフォルトヴォ収容所からブトィルカ拘置所を経て、ヤロスラヴリの収容所へ移送され、二年後には極北のコルィマへ送られた。一九四九年に釈放されるが、シベリアを出ることはできず、オホーツク海に面する町マガダンで暮らすことになる。ここで一二年ぶりに息子のワシーリイ・アクショーノフ（後に作家となる）と再会しているが、彼は晩年のインタビューで、幼い頃に両親と別れたきりだったため、特に感慨はなかったと語っていた。

ギンズブルグの回想は強い語りと明快な文章にもかかわらず、その内容の過酷さに読み進めることができなくなる場面が多々ある。取り調べや拘置、家族との別れ、移送、収容所での生活、そして独房の恐怖などは息苦しさを覚えるほどだ。ギンズブルグがこの回想の執筆を始めたのは、おそらく、モスクワへ戻ることが許された一九五五年以降だと思われる。二〇年近い年月の出来事と感情のひとつひとつが、時を経てもこれほど鮮明に記憶されていることには、アフマートワのときと同じく驚きを禁じ得ない。

ギンズブルグは「あとがき」の中でこうも書いている、〈わたしはこの記録を、孫への手紙のつもりで書いた。しかしただ、わたしの孫が二〇歳になる一九八〇年代には、これらのことなど人に伝えるにはあまりにも古ぼけたものになってしまうかもしれない〉と。

ソ連では、一九六二年にソルジェニーツィンの『イワン・デニーソヴィチの一日』が検閲を経て文芸誌に掲載され、世界的なセンセーションを呼んだ。収容所という社会主義国家の暗部の存在が暴かれ、検閲は再強化された。『険しい行路』は、ソ連国内では出版することができず、まずはイタリアで出版され、それから世界へと拡散していった。

まさにギンズブルグが自著で言うように、生き延びた者が書く他ない。その意味では、戦時下では女性のほうが男性よりも生き残る確率が高く、政治的粛清も同様だ。そのため、回想文学の作者には女性が多く、スターリン死後の一九六〇年代頃からこのジャンルが一気に豊かになったのである。

詩人のオリガ・ベルゴリッツ（一九一〇―一九七五）もまた、レニングラードの工場で新聞の編集の仕事をしながら、共産党員となる準備をしていたにもかかわらず、一九三七年に逮捕されている。ギンズブルグと同様、逮捕された「人民の敵」と関わりがあったという罪状だった。ベルゴリッツは二年後に釈放され、独ソ戦のレニングラード封鎖のときには、ラジオでソ連の広報活動を担い、市民を励まし続けた伝説の人となる。にもかかわらず、彼女の回想をもとにした自伝的作品『昼の星』の出版はスターリンの死を待たねばならなかった。また、スターリンの大テロルで亡くなった詩人オーシプ・マンデリシタームの妻ナデージュダ・マンデリシターム（一八九九―一九八〇）による『回想』は、ソ連国内では出版されず非公式の場で私的に読まれ、正式に出版されたのはニューヨークで一九七〇年になってからだった。

そもそもロシアでは、「回想」というジャンルは日本とは比べものにならないほど広く読まれていて、出版される種類も部数もかなり多い。一九九五年からはソ連時代の歴史の欠落を埋めるかのように、著名人から無名の市井の人のものまで回想や日記が書籍化されている。記憶による歴史記述には間違いも少なくない。それでも、「覚えている」ことしかできなかった時代の抵抗の証《あかし》として、過酷な体験の記録が、ソ連崩壊から三〇年以上経《た》った今なお発見され続けていることは、罪なき罪人となった人びとの生を救う希望でもある。

地下文学の芽生え

本論から少し外れるが、ここで地下文学について記しておきたい。戦後の一九四五年以降、ソ連社会の雰囲気が変化したことをもっとも明確に示す現象は、文化的な領域、とりわけ文学において生じた。それは、小さな非公式の地下サークルの出現に見ることができる。

この時期に新しい文化をアクティヴに担うようになる若い世代は、革命後に生まれ、ソ連式の教育や文学、イデオロギーによって教育された新しい世代である。こう言うと、いかにも共産主義のプロパガンダに染まった単細胞的なソヴィエト的人間だろうと想像する人も多いかもしれないが、そうではない。この世代は、革命の騒乱と熱狂を経験しておらず、自分たちが「新しい社会」に暮らしているという意識も強くない。さらに、西側の思想や文化から隔絶され、ソ連という密室の中で多くの情報から遮断されて育っている。そのため、彼らが生み出す新しい文化や思想は、欧米から移入したのではなく、ほとんど自家発生的に生まれたものだった。その過程で、精神的な探求や自由な創造行為が、ソ連の公式文化とは異質であることに気づいていくのである。

ソ連社会では、文化・芸術は、公式／非公式に二分されていたが、結果として、非公式文化は公式文化の独占を阻み、ある意味では凌駕《りょうが》するに至った。その萌芽《ほうが》は、一九四〇年代にあると考えられる。

戦後のソ連で、公式文化と折り合うことのできない若者たちはどのような道を選んだのだろうか——ここで注目したいのは、若者たちによる地下サークルである。まだスターリン時代であるこの頃のサークル活動は非合法のものであり、非常に閉鎖的で、同じ思考をもつ仲間うちで互いが書いたものを回し読みする程度の限定的なものだったようだ。

四〇年代にこうした地下サークルが存在したことは、後に書かれた回想などで過去の思い出として言及されることで明らかになることがある。また、前述のアレクサンドル・ダニエルは、間接的な証拠として、一九四七年にソ連の国家保安省が若者たちの反ソ的な言論活動を取り締まることに特化した部署を設けたことを挙げている。それによれば、数人(二—一五人ほど)から成るこうしたサークルが数十も確認されており、この時期の社会現象のひとつだったことがわかる。

「反ソ的」という表現が用いられてはいるが、こうした活動を行った若者たちは概して共産主義や社会主義を否定したり、民主化を志向していたわけではなかった。むしろ、共産主義を変えようなどと考える者は稀《まれ》だったようだ。

例をひとつ紹介しておきたい。一九四七年に南部の都市ヴォロネジで「青年共産党」という非合法組織が結成された。中心となった人物は、ボリス・ブトゥエフ（一九三〇―一九七〇）という高校生だ。ブトゥエフの父ヴィクトルは共産党州委員会第二書記という要職にあったが、一七歳の息子ボリスは歴史を勉強し尽くした上で、スターリンがレーニン主義を歪曲《わいきょく》しているという考えに至り、同級生二人とともに真のマルクス・レーニン主義を普及させるための地下組織を結成する。翌年には、詩人のアナトリイ・ジグリン（一九三〇―二〇〇〇）がこれに加わる。この党には、五〇人もの党員がいたとも伝えられている。実際のソ連の生活が、本来あるべき主義と矛盾していると考えたブトゥエフらは、歴史における個人と大衆の役割について、また、社会主義社会の建設をめぐる理論と実践の相関関係を議論する中で、時の権力者スターリンを非難したのである。

一九五〇年六月、大学生のブトゥエフは逮捕され、反ソ的活動の廉で懲役一〇年の厳罰ラーゲリ行きの刑となるが、すぐに釈放され名誉回復されている。一方、同様に逮捕されたジグリンは過酷なことで知られるコルィマの収容所に送られた。ジグリンはスターリンが亡くなった翌年の一九五四年に恩赦によって釈放され、五六年に名誉回復されている。ブトゥエフはその後テレビ局のディレクターとして、ジグリンは詩人として生きた。

もちろん、こうした地下組織やサークルはスターリン時代を通して存在していたし、その趣旨はさまざまではあったが、共産主義・社会主義自体を否定するものは極めて少なかったことも事実のようだ。けれども、六〇年代以降（ブレジネフ時代）に本格化するソ連の反体制運動の原型、つまり、組織化された非合法の活動は、この時期に淵源があるということはできるだろう。

非常に興味深いのは、戦後の四〇―五〇年代の反体制的な異論を生み出した本質的な理由は、たとえスターリン体制自体に批判的であるにしても、政治的な反感によるものではなく、美学的な不快感のほうが圧倒的に大きかったということだ。

一九三四年の第一回全ソ作家大会で、ソ連で唯一の芸術形式は「社会主義リアリズム」と定められた。このことの問題は、形式そのものよりも、芸術の形式がひとつに限定されるという点にある。ひとつしか認められない限り、それが社会主義リアリズムであろうと別の形式であろうと自由は保障され得ない。芸術の形式は創造者の自由な選択に委ねられなければならない。したがって、この決定は、国家が創造の自由を規制した由々しき事態だということになる。もちろん、社会主義リアリズム自体はすぐれた作品も生みはしたが、それは、形式の単一化を伴わずとも新生ソ連の熱情の中で創作され得ただろうし、正しく評価もされたことは想像に難くない。

一方、社会主義リアリズムにそぐわないものはすべて非公式に流れることになり、したがって「反ソ的」とされても、実際には政治性のない作品も多い。ソ連を「新しい」と感じず、社会主義リアリズムにも食指が動かない若者たちが、芸術作品に別の形式を模索することは自然なことだ。また、ソ連の若い芸術家たちが創作における自由を純粋に求めた背景には、そもそも、対価としての報酬を求めるという資本主義的な観念をもっていなかったということも大きい。公的に出版されることを諦めれば、非合法、つまり、アンダーグラウンドの作家として検閲とは無縁の自由な創作ができる。もちろん、自由を放棄して公式文化で活躍する道を選ぶこともできる。アフマートワらのように、公式の場を奪われて苦難の半生を送った人たちも少なくはないが、一方で、非公式文化の世界で楽しく過ごした若者たちも多かったはずだ。それでも多くの創作者たちは、どんな傑作も出版される道のないソ連の文化状況の理不尽さを黙って寛恕《かんじょ》するわけにはいかなかったのである。

地下の非合法出版「サミズダート」

出版所がすべて国営だったソ連では、前述のように、すぐれた作品でも社会主義リアリズムから外れたものはほぼ出版することができなかった。同時に、印刷機の使用や紙の調達自体が個人の力では不可能で、コピー機はまだ普及しておらず、大部の印刷物を準備することも極めて難しかった。

そうした環境で、非公式に作品を「出版」する方法として生まれたのが「サミズダートsamizdat」(または「サムイズダート」)である。「自分」を意味する「sam」と「出版」を意味する「izdat」という単語から作られたこの造語は「自主出版」とも訳され、一九六〇年代以降のソ連の非公式文化を象徴する現象となるのだが、後期ソ連でほぼ唯一の自由な創作の場であった。

サミズダートという語が初めて使われたのは一九四〇年代のことで、詩人のニコライ・グラズコフ(一九一九―一九七九)が自作の詩集の扉に書き込んだと言われている。グラズコフは、「ゴスイズダート（国立出版所）」の「国立gos」をsamに置き換えて冗談めかした造語を作ったようだ。四〇年代にサミズダートで作られた文集や同人誌のような冊子は、後の時代に比べるとまだ簡素なもので、内容的にも質が高いとはいえなかった。それらは仲間うちで読むことを前提にしており、外部の読者を得ようとするものではなかった。その意味では、まだ反体制的な活動ということはできない。サミズダートが反体制運動の主軸となるのは、一九六〇年代を待たねばならない。

サミズダートは、ガリ版刷りやタイプライター、手書きによって読み物を作る、文字通りの自主出版である。ソ連時代に作られたサミズダートの数は把握できないほど無数にあるが、印刷やコピーを使用できないため、部数は一―一〇部程度とかなり少ない。最初の一部が完成すると、タイプライターを使える者が暇な時間にもう一部、あるいは二部を打ち込む、またはカーボン紙を使って複写を作成するなどして、友人や知人たちで手の空いている者たちが部数を増やしていく。それらはオリジナルとともに読み終わった者から新しい読者へと回し読みされ、その合間に手の空いた者がいればさらに複写を作って部数を増やしていく、という現在の私たちからすれば気の遠くなるような作業が、ソ連後期のアンダーグラウンドの世界で体系化されていったのである。

サミズダートは検閲を無視している。つまり、検閲を通過せずに作りたい出版物を作るという活動は、当局への事前の断りなしに個人の権利と自由を行使することの実践である。サミズダートは、「検閲を通らなかったから自主出版」というやむを得ない手段だったというよりはむしろ、よりアクティヴな「自由な報道・出版」の道だったのではないだろうか。そして、サミズダートが非公式芸術の主要な活動であったことからもわかるように、その中心となるジャンルは文学であった。

文学は通常、愛や別離、友情や憎しみ、互いの理解、または誤解など、イデオロギーとは無縁の人間関係や、個々の人間の精神活動に価値を置いている。人間関係や人の感情の普遍性、多様性の表現は、社会主義リアリズムには決して収まらない。社会主義リアリズムは「肯定的主人公」という理想的なソ連人のステレオタイプを大量生産したが、失敗した者、不幸な者、悲しみに暮れる者、叶わぬ恋慕、悪意、憎悪はそこから抜け落ちていった。苦しむ者、負の性質をもつ者たちの生がソ連社会で否定されるのだとすれば、彼らの存在を肯定できる領域として文学は最適であった。その結果、サミズダートは、後にノーベル文学賞を受賞するソルジェニーツィンや詩人のヨシフ・ブロツキイ（一九四〇―一九九六）をも輩出することになるのである。

サミズダートは定期刊行物も出版するようになるが、その嚆矢《こうし》は、一九五九年にジャーナリストのアレクサンドル・ギンズブルグ（一九三六―二〇〇二）が編集・出版した詩の雑誌『シンタクシス』だった。この雑誌には、毎号一〇人の詩人たちの作品が掲載され、そこには、ブロツキイやブラート・オクジャワ（一九二四―一九九七）、ベーラ・アフマドゥーリナ（一九三七―二〇一〇）らの他、イーゴリ・ホーリン（一九二〇―一九九九）やゲンリフ・サプギール（一九二八―一九九九）、フセヴォロド・ネクラーソフ（一九三四―二〇〇九）などリアノゾヴォ派の詩人たちも参加していた。

サミズダート
『シンタクシス』表紙

リアノゾヴォ派というのは、一九五〇―七〇年代にモスクワ郊外のリアノゾヴォという村で活動していた非公式芸術家たちのグループである。この画家や詩人たちは、郊外の村のバラックに住み、公式文化の束縛を受けない自由な創作活動を行っていた。彼らは、自作の絵画を自室に「展示」し、仲間の執筆した文芸作品をタイプライターで打ち、コピーを作成したりしていた。アレクサンドル・ギンズブルグもここの常連の一人だった。リアノゾヴァ派はソ連の芸術における新たな現象だったが、何よりも大事なことは、自由のない国で自由な創作ができるかのように振る舞うことで——これこそが、リアノゾヴァ派が行った新たな抵抗の方法であった。体制に対するこの姿勢は、他の創作者たちにとってひとつのロールモデルとなっていく。

まるで同人誌を思わせるサミズダートが体制へのプロテストであることを証明するかのように、一九六〇年にギンズブルグは逮捕され、『シンタクシス』は三号で終了した。この事件は、その後のサミズダートの運命を象徴するものとなる。けれども、その後もサミズダートはますます増えていき、ソ連が崩壊するまで、「第二の文化」と呼ばれる非公式文化の中心であり続けた。サミズダートでは文学に限らずさまざまな「出版物」が出されたが、公式の出版物ではない「サミズダート」というその存在の仕方が内容以上に読者の意識を刺激したともいわれている。

一方、ソ連時代には「タミズダート tamizdat」と呼ばれる出版方法も存在した。「あちら there」を意味するロシア語「tam」を含むこの造語は「国外出版」のことを指している。ソ連国内での出版にリスクが伴うものを国外へ持ち出し、外国で出版するというこの方法は、ソ連を訪れた外国人らの協力を得たり、FAXで原稿を送信するなどして実現された。持ち出された原稿は、ドイツやフランス、アメリカなどで出版されることが多く、ソ連の実態を知りたい西側諸国では人気となることが多かったが、原稿の持ち出しや受け渡しがハイリスクな行為であったことも間違いない。それでも、体制と闘うソ連の人びとへの協力者が絶えずいたことは、タミズダートで出版された書物の数を見れば明らかだ。

ちなみに、サミズダートで読まれもっとも有名になった作品は、ボリス・パステルナークの『ドクトル・ジヴァゴ』（一九五八）、ソルジェニーツィンの『収容所群島』（一九七三）、アレクサンドル・ジノヴィエフの『口を開けた天空』（一九七六）で、タミズダートでは、アンドレイ・シニャフスキイの『審問』（一九五九）、ワシーリイ・グロスマンの『人生と運命』（一九五九）、『万物は流転する』（一九六三）など現在邦訳で読めるものも多い。

そして、『シンタクシス』に始まったサミズダートの定期刊行物の中で最大規模となるのが、『時事クロニクル』である。世界人権宣言二〇周年にあたり国連が世界人権年に指定した一九六八年を「ソ連における人権年」として、反体制派たち――物理学者のパーヴェル・リトヴィノフ（一九四〇―）、詩人のナターリア・ゴルバネフスカヤ（一九三六―二〇一三）、歴史家のピョートル・ヤキール（一九二三―一九八二）らによって創刊されたこの非合法雑誌は、一九八三年まで六三号が発刊され、ソ連における人権侵害の事例や、人権擁護の言説が記録された。おもに裁判や刑務所、収容所の状況を記録した『時事クロニクル』は、ＫＧＢの取り締まり対象となり、一九七〇年代には、新しい号が出るたびに逮捕者が出ると言われるほど弾圧されることになる。

第四章　もうひとつの歴史——反戦・反核・フェミニズム運動

「雪どけ」を迎えて

一九五三年のスターリンの死後、ソ連社会には大きな変化が起きる。次の指導者（ソ連共産党第一書記）となったニキータ・フルシチョフは、一九五六年のソ連共産党第二〇回大会で、スターリンの独裁を批判する秘密報告を行ったとされる。これはその後、「雪どけ」と呼ばれる自由と平和の一時期をもたらしたが、一方で、ポーランドやハンガリーなど東欧の社会主義諸国では自由化を要求する気運も高まり、毛沢東を筆頭に中国共産党による非難も受けることになる。

しかし、ソ連国内では、スターリン時代に政治犯として粛清されたり、流刑になった人たちの名誉回復も行われ、芸術に対する検閲が緩和されるなど、社会に明るい雰囲気が生じて、戦後育ちの若い世代による新たな文化の時期が到来する。

まず、一九五三年の『新世界』一二月号に、文芸評論家ウラジーミル・ポメランツェフによる「文学の誠実さについて」というエッセイが掲載された。〈本物の作家とは自分にふさわしい仕事を常に見つけられる人で、逆に、本物でない作家は、どんな作家同盟の制度でも救うことはできないと思う〉と、至極当たり前のことを語るポメランツェフの文章は、創作を作家個人の手に取り戻そうと呼びかけ、ソ連では検閲を恐れながら執筆する「自己検閲」こそが自由な創作を阻む最大の装置となっていることを指摘したものだった。

これに続き、ある小説が発表される。『雪どけ』（一九五四、泉三太郎訳、新潮社、一九五五他）と題されたこの中編小説は、柔らかで美しい文体と自然なストーリーながら、ソ連の肯定的主人公の変化を感じさせるもので、文壇で議論を巻き起こした。すでに実質的には作家として引退した大御所という感のあった著者のイリヤ・エレンブルグが、みずからの役割だと考えたのか、独裁者の死という変化の機会を逃さずに文学界に一石を投じるかのように執筆したこの作品では、個々人の心の機微へのまなざしとその発露が、人生と社会をより生き易《やす》いものにすることを、主人公らの生の選択を通して描き出している。ここから始まる約一〇年間の時期を表す「雪どけ」という語は、この小説の題名から採られている。

「雪どけ」期には、『外国文学』や『青春』といった新しい文芸誌の刊行も相次ぎ、一九六二年には、文芸誌『新世界』にソルジェニーツィンの『イワン・デニーソヴィチの一日』が掲載される。ソルジェニーツィンが八年後にノーベル文学賞を受賞する契機となったこの作品は、ソ連の暗部であったラーゲリの存在と実態を世界に知らしめたのである。

しかし、一九六三年にフルシチョフが解任され、レオニード・ブレジネフが次の書記長に就任すると、行き過ぎた自由を規制する方向へと舵を切り、再び検閲は強化され、「停滞」の時代が訪れた。自由を覚えた後の締めつけは、反発と抵抗を生み、表現を奪われた者たちは地下の非合法の世界へと移っていく。そして、抵抗運動とアンダーグラウンドの文化圏の活性化が一気に強まるのである。

「反体制派」の時代

ソ連で反体制運動が本格化するのは一九六〇年代のことだ。「反体制派 dissident」という語は、一九五〇年代からソ連やその他の社会主義諸国で用いられるようになったが、この語は、公式のイデオロギーが定義したものとは異なる意見や抗議を表明する運動を指していた。

『大ロシア百科事典』の「反体制運動」の項目では、一九五〇年代に現れた非合法の反体制組織として、モスクワの「ロシア人民民主党」（一九五五―五八）や、モスクワ大学史学科の大学院生レフ・クラスノペフツォフ（一九三〇―二〇二一）らのサークル（一九五六―五七）、レニングラードの数学者レヴォリト・ピーメノフ（一九三一―一九九〇）が率いるサークル（一九五六―五七）が最初期のものだと書かれている。

六〇年代に入るとこれらが規模を拡大するのである。参加者数で最大となったのは、反共活動の中心となっていたイーゴリ・オグルツォフ（一九三七―二〇二三）が一九六四年にレニングラードで組織した「全ロシア民族解放社会主義キリスト教同盟」（一九六七まで）だ。この組織は一時期注目を集めたようだが、共産主義でも社会主義でもない第三の道としてのキリスト教社会主義を提唱し、教会を共同体の軸とし、政治、経済、文化のキリスト教化を目指していた。キリスト教文化が国家を超える性格をもつという思想は、すぐさまソ連当局の弾圧を受けることになった。

こうした反体制派運動が、アンダーグラウンドではなく、地上の公共の場で表明された最初期のもののひとつが、モスクワのマヤコフスキイの銅像前で行われた詩の朗読会である。

ウラジーミル・マヤコフスキイは、ロシア・アヴァンギャルドを代表し、革命前から現在に至るまでロシア国内のみならず世界中で圧倒的な人気を誇る詩人である。モスクワのマヤコフスキイ広場（現在はトリウムファリナヤ広場）には、一九五八年七月二九日に革命の詩人マヤコフスキイの銅像が建てられている。このときの公式式典では、詩人たちが詩を朗読した。さらに、式典終了後、集まった一般市民たちがマヤコフスキイの詩を読み始めたのである。ソ連時代の有名な映画作品『モスクワは涙を信じない』（ウラジーミル・メニショフ監督、一九七九）の中で、雪どけ期を代表する詩人の一人、アンドレイ・ヴォズネセンスキイ（一九三三―二〇一〇）本人が登場し、主人公らが通り過ぎるマヤコフスキイ広場の銅像の前で熱く詩を朗読するシーンがあるが、まさにあの場面が五〇年代末の若者たちの雰囲気を描き出している。

「マヤーク」と呼ばれるようになるこの朗読会では、じきに反体制的な内容の詩も読まれ出し、朗読者が通行人や近隣の住人に殴打されるといった事件も起きているが、これらは、当局が仕込んだ弾圧だといわれている。一九六一年四月一四日のマヤコフスキイの命日には、これが大規模な乱闘に発展し、五〇人近い怪我《けが》人が出た。これを機に広場は封鎖され、

「マヤーク」の主催者らは逮捕、反ソ的なプロパガンダを行った罪で五―七年の禁固刑となっている。後にソ連の反体制派の代表格となる作家ウラジーミル・ブコフスキイ（一九四二―二〇一九）もこのときに逮捕され、精神疾患とされて精神科病院に入れられている。

反体制運動としての「マヤーク」の伝統は、実は今も続いている。二〇二二年二月に始まったロシアのウクライナへの軍事侵攻後、同年九月にロシア国内で兵士の動員が始まると、トリウムファリナヤ広場で動員に反対する活動家たちが詩の朗読会を行った。開始から四〇分後には警察が駆けつけ、聴衆を含め参加者らを拘束している。この事件では、主催者の一人であり、反戦の詩を読んだ詩人アルチョム・カマルディンが家宅捜索の際に過酷な拷問を受けている。ロシアには、詩の朗読会の長い伝統があり、多くの人に愛されているイベントだが、そもそも詩（文学）が内包する強い抵抗の力も二〇〇〇年の歴史をもっている。警察側の

モスクワのマヤコフスキイ像
（筆者撮影）

あまりにも過剰な仕打ちも、詩人たちがもつ影響力に対する潜在的な恐怖心ゆえとも見える。それでも、詩人たちは怯むことなく、当局もまた弾圧の手を緩めることはいま現在もないのである。

そこまでしてなぜ抵抗をやめないのか。この問いに対し前述のブコフスキイの言葉を引いておきたい。

われわれ反体制派は皆、政治は道徳的でなければならないと言っていた。われわれは政治運動として出てきたのではない。われわれは道徳的な運動だった。われわれの主たる衝動は、ロシアを作り変えることではなく、ただ犯罪の参加者にはならないということだった。体制の一部にならないことだった。それがもっとも大きな動機だった。[*1]

ふたつの文学裁判と記録者たち

一九七〇年以降は人権活動に軸足を移すソ連の反体制運動だが、六〇年代は文学と権力との攻防の時代である。その象徴的な事件が、創作をめぐるふたつの文学裁判だ。

一九六四年、後にノーベル文学賞を受賞する（一九八七）詩人のヨシフ・ブロツキイが逮捕され、裁判で五年の重労働刑を宣告された。ブロツキイは、レニングラード生まれの天才詩人で、学校も途中で辞め、独学で巨大な教養を習得した人だ。とりたてて政治的な思想を語ったりもせず、作品にも政治性のない詩人だが、検閲を好まず、作家同盟にも加入していない創作者は、公的には「詩人」とは認められない社会だった。定職に就かず、アルバイトのような仕事をしながら詩を書いていたブロツキイは、「寄食者」として逮捕される。

法廷で裁判官に職業を問われたブロツキイは、「詩人です。翻訳もします」と答えている。裁判官に誰があなたを詩人と認めたのか、詩人を養成する学校にも行っていないではないかと詰問された詩人は、そんなことが教育で得られるなど思ってもみなかった、それは神に与えられるものだと返したのだった。苛立《いらだ》った様子の裁判官と、正直に答えてはいるがやる気のなさそうなブロツキイの会話は、読む者をはらはらさせる。実は、法廷でのやりとりを記録することは一切禁止されていたのだが、このやりとりをすべて密かに書き留めた人物がいた――ジャーナリストのフリーダ・ヴィグドロワ（一九一五―一九六五）だ。

ヴィグドロワの命がけの記述によって、世界はこの裁判の詳細を知ることになる。それは、文筆による収入のない詩人を職業として認めるのか、彼の詩作を労働とみなすことができるのか、収入の低いブロッキイは社会の寄食者ではないのかという点に判断が下された裁判だった。ブロッキイの逮捕から裁判の過程では、ヴィグドロワだけでなく、国内外の多くの文学関係者らが抗議の声を上げ、その中にはアフマートワとチュコフスカヤもいた。ブロッキイには五年の流刑と矯正労働の判決が出たが、サルトルなど外国の作家たちからの批判も相次いで、後に減刑となっている。

ブロッキイは、ノーベル賞受賞講演の中で、国家＝一時的で制限的なもの／文学＝恒久的・無限なものという図式を挙げて、国家がいかに巨大なものであろうとも、言語に携わる者は一時的なものではなく永続的なものに仕えるものだと、詩人の存在理由を語っている。それは、先の裁判官の糾弾的な問いに対する詩人からの最終的な回答でもある。

ブロッキイが釈放されたのとほぼ同時期に、別の二人の作家が逮捕された――アンドレイ・シニャフスキイ（一九二五―一九九七）とユーリイ・ダニエル（一九二五―一九八八）である。シニャフスキイは、ソ連国内では公式の文芸批評家として知られていたが、実は、アブラム・テルツという筆名でソ連に批判的な文学作品を執筆し、タミズダートで出版していた。これが明るみに出て逮捕されたのである。ダニエルは文学教師で、後に翻訳家として働いていたが、ニコライ・アルジャークやYu.ペトロフの名で、サミズダートやタミズダートでソ連を中傷する作品を出版していたことが知られ、逮捕される。逮捕の翌年の一九六六年、「シニャフスキイ＝ダニエル裁判」と呼ばれる文学裁判が行われた。二人は無罪を主張したが、シニャフスキイは七年、ダニエルは五年の流刑と矯正労働が言い渡される。

二人が逮捕された六五年の憲法の日にあたる一二月五日には、モスクワの中心部にあるプーシキン広場で、ダニエルとシニャフスキイを支持する集会が開かれ、詩人セルゲイ・エセーニンとナデージュダ・ヴォリピンの子で数学者のアレクサンドル・エセーニン＝ヴォリピン（一九二四―二〇一六）、詩人のユーリイ・ガランスコフ（一九三九―一九七二）とアポロン・シュフト（一九四一―二〇一七）らが逮捕されている。

一方で、サミズダート初の定期刊行物『シンタクシス』の出版人として先述したアレクサンドル・ギンズブルグは、タイプライターで打ったこの裁判の記録『白書』をＫＧＢに持参し、この本を国内で出版するか二人の早期釈放かを求めた。結局、『白書』は国外で出版されることになる。

РУССКАЯ МЫСЛЬ

МИХАИЛУ ШОЛОХОВУ, АВТОРУ «ТИХОГО ДОНА»

Дело А. Синявского и Ю. Даниэля

Открытое письмо писательницы Лидии Чуковской М. Шолохову

チュコフスカヤからショーロホフへの公開書簡

さらにサミズダートでは、詩人のユーリイ・キムとイリヤ・ガバーイ、ピョートル・ヤキールによって、このときの裁判記録とともに学者や芸術家たちに向けた公開アピール文が作成され、こうした裁判を社会が黙認することはスターリンのテロルを繰り返すリスクがあると呼びかけた。このテクストは、当時の反体制派の面々の罪と罰が列挙された貴重な資料でもあるが、サミズダートという活動の重要性についてのくだりは、その本質を簡潔かつ的確に言い得ている。

いわゆる「サミズダート」（検閲のない文学）との闘いの試みは失敗する運命にある。もしもロシア文学に「サミズダート」がなかったとしたら、われわれは、ラジーシチェフの長編を、グリボエードフの『知恵のかなしみ』を、プーシキンの多くの詩を失っていたことだろう。

また、シニャフスキイ・ダニエル裁判と同年に開催された第二三回ソ連共産党大会では、ソ連の公式作家として重鎮ともいえるミハイル・ショーロホフ[*2]（一九〇五―一九八四）が登壇し、シニャフスキイとダニエルをあからさまに侮辱する演説を行って会場の拍手喝采を浴びた。若い二人の作家を〈良心が汚れた〉〈魔物〉と呼び、彼らを支援し、ソ連当局を批判する外国の支持者たちに対し、〈誹謗《ひぼう》中傷は批判ではないし、水たまりの泥は画家のパレットの絵の具ではない〉と糾弾した。これを受けて、リディア・チュコフスカヤがショーロホフらに公開書簡を出し、ソ連作家同盟と雑誌『新世界』『文学新聞』に送付している。一部をご紹介しよう。

文学は刑法の案件ではありません。思想には、監獄やラーゲリではなく思想で対抗すべきです。だから、もしも貴殿が本当にソヴィエト文学の代表者として登壇したのだとしたら貴殿はこのことを聴衆たちに言うべきだったのです。

けれども貴殿はソヴィエト文学の変節者として演説なさいました。貴殿の恥ずべき演説を歴史は忘れはしないでしょう。

〔中略〕検察官じみた貴殿の演説は、同時代の人たちの関心を呼ばずにはおかないでしょう。現在ロシアで急速に発展している、創作の自由と国民文化の復興の傾向をもつ二人の文学者・表現者に対する制裁を許可しようとしているかのようだからです。シニャフスキイとダニエルの裁判は、ロシアの文化知識人がふたつの陣営に分かれていること、創作の自由を支持する者たちの陣営が、知識層の絶対的多数派であることを示しました。国家の暴力という分銅でなければ、天秤《てんびん》の片方の皿は一瞬で傾いて、シニャフスキイもダニエルも両手に抱えられて裁判所から運び出されたことでしょう。

チュコフスカヤは、ロシアには創作の自由が必要だと繰り返し主張し、〈そもそも自由と創作の自由なくして、今後のロシアの首尾よい発展は不可能です〉とも訴えている。チュコフスカヤがこの書簡の中で何度も用いている〈歴史は忘れない〉という表現は、アフマートワの詩の記憶者であった人らしく、人びとの記憶がやがて歴史の語り部となっていく営みへの信頼に貫かれている。〈シニャフスキイとダニエルの保釈を求めることは、正義と才能の保釈を求めることに等しい〉という宣言のような強い口調には、六〇年代当時、これほどの弾圧を受けながらも、ソ連の最良の文学のほとんどがサミズダートで大量に存在していることへの自信のようにも響く。

さらに、この書簡の中でチュコフスカヤが〈ロシア〉という語を用いていることにも注意を促しておきたい。チュコフスカヤに限ったことではないが、ソ連の反体制派たちは、自分たちの国を名指すときに「ソ連」と「ロシア」を使い分けることが多い。自分たちの誇る文化・芸術が本来あるべき場所は「ロシア」である。ソ連時代を通して、「ロシア」という国名が理想的に抽象化されたという事実があり、それは今現在のロシア（連邦）という国とも完全に一致するものではないことを知っておく必要がある。

反体制派たちの反戦・反核運動

一九六八年はソ連の反体制運動にとって転換点であった。これ以降、ソ連国内では人権擁護運動が著しく加速していく。

この年の四月、チェコスロヴァキアで第一書記に就任したアレクサンドル・ドプチェクのもと、「プラハの春[*3]」と呼ばれる民主化運動が始まった。これに危機感をもったブレジ

ラリーサ・ボゴラス

ナターリア・
ゴルバネフスカヤ

チェコ侵攻反対の七人デモ

七人デモのプラカード「あなたたちと私たちの自由のために」

ネフ政権下のソ連は、同年八月二〇日、ソ連軍率いるワルシャワ条約機構五カ国の部隊でチェコスロヴァキアに進軍、ドプチェクを拘束し、モスクワへと連行した。

これに対し、八月二五日にモスクワの赤の広場で抗議デモが行われた。参加したのは、サミズダート誌『時事クロニクル』の発起人で詩人のナターリア・ゴルバネフスカヤ、言語学者のコンスタンチン・バビッキイ（一九二九—一九九三）、同じく言語学者のラリーサ・ボゴラス（一九二九—二〇〇四）、詩人のヴァジム・デロネ（一九四七—一九八三）、活動家のウラジーミル・ドレムリュガ（一九四〇—二〇一五）、物理学者のパーヴェル・リトヴィノフ（一九四〇—）、博物館のガイドだったヴィクトル・ファインベルグ（一九三一—二〇二三）、タチヤーナ・バーエワ（一九四七—二〇二五）の八人だったが、大学生のバーエワを他のメンバーがかばい、偶然そこに居合わせただけだと主張して釈放されたため、このデモは「七人デモ」とも呼ばれることになる。

「自由で独立したチェコスロヴァキア万歳！」「占領者どもに恥辱を！」「チェコスロヴァキアから手を退《ど》けろ！」「あなたたちと私たちの自由のために」「ドプチェクに自由を！」と書かれたバナーを掲げた参加者たちの映像は世界各国で報道され反響を呼んだ。中でも、生後三カ月の子をベビーカーに乗せてデモの先陣を切ったゴルバネフスカヤの姿は強いインパクトを与え、離乳していない子を抱える母親だとして有罪判決を逃れることにもなった。釈放後、彼女は欧米諸国の新聞社に書簡を送っている。

私も同志たちも、このデモに参加することができたこと、たとえ一瞬であっても、箍《たが》が外れた虚偽と臆病な沈黙の流れを中断でき、ソ連の人民の名のもとで行われている暴力にわが国の全員が賛成しているのではないことを示すことができて幸福です。

現在のプーチン政権下で、反戦・反体制運動が、目に見える効果を上げなくとも続いて

エレーナ・ボンネル

いる理由もここにあるように思う。
赤の広場での七人デモに先立ってソ連で起きた一九六八年のもうひとつの出来事は、サミズダートでアンドレイ・サハロフの『進歩、平和共存、知的自由に関する考察』（邦訳は、『進歩・平和共存および知的自由』上甲太郎、大塚寿一訳、みすず書房、一九六九）が出版されたことだ。かつて、ソ連の「水爆の父」として知られた物理学者のサハロフは、一九五八年一一月から核実験反対を明確に主張し始め、物理学者としてのキャリアを投げうって反体制運動の矢面に立ったのである。サハロフに代表される反体制派は、資本主義と社会主義というふたつのシステムの収束に世界の未来を見ており、そこには非軍事化、混合型経済の創造、国際的な信頼の強化、人権・法律・自由の保護、深遠な社会発展と民主化、人間の道徳的・精神的な原理の強化が伴うべきだと考えていた。『進歩、平和共存、知的自由に関する考察』は、多くの国で翻訳・出版された。一九六八年の夏には、独立系のロシア語メディア「ラジオ・リバティ」で放送され、『ニューヨークタイムズ』にも転載されている。その結果、サハロフは、ソ連の核開発の中心であったアルザマス16の研究施設を離れることになる。一九七〇年代は、ノーベル平和賞の受賞と、ソ連国内でのサハロフ批判キャンペーンなど闘いの日々となり、一九八〇年には、ソ連軍のアフガニスタン侵攻に抗議したため、これまでの栄誉を剝奪され流刑となったのである。

サハロフの妻としていつも紹介されてきたエレーナ・ボンネル（一九二三―二〇一一）は、サハロフが囚われの身になると〈私の務め〉だと考えて回想記の執筆を始める。『二人きりで』[*4]には、ボンネルが見てきたサハロフの活動と弾圧の記録が記されているが、それだけでなく、ソ連の反体制運動とその参加者の記録にもなっている。ボンネル自身、一九三八年に継父をスターリンの大テロルで殺され、母も逮捕されて八年の重労働刑となった過去をもつ。ボンネルは、第二次世界大戦時には看護師として前線へ赴いており、戦後は大学に入って医師となっている。両親の粛清、戦争体験、医療現場と、常に死と向き合う半生を送ってきたボンネルが人権活動へと身を投じた理由は容易に想像できる。二〇一一年まで生きたボンネルは、軍や警察が幅を利かせるプーチン体制のロシアに最後まで批判の声を上げていた。

人権運動の組織化

サミズダートの活発化や、作家・芸術家たちの自由な創作活動によって、一九六〇年代は彼らへの弾圧や不当な裁判と量刑、そして刑務所・収容所内での処遇をめぐる反感が募っていった。そのため、七〇年代の反体制運動の主軸は人権擁護運動へと移行していく。

まず、ソ連で初めて公然と活動した独立系の市民団体「人権擁護イニシアチブグループ」が一九六九年にモスクワで誕生する。前章で触れた、一九六八年の「ソ連における人権年」にサミズダート誌『時事クロニクル』を創刊したピョートル・ヤキールとヴィクトル・クラーシン（一九二九—二〇一七）が主導し、ナターリア・ゴルバネフスカヤやタチヤーナ・ヴェリカノワ（一九三二—二〇〇二）、タチヤーナ・ホドロヴィチ（一九二一—二〇一五）、セルゲイ・コヴァリョフ（一九三〇—二〇二一）といったモスクワのメンバーに加え、レニングラード出身のウラジーミル・ボリソフ（一九四三—二〇一二?）、ハリコフ在住のアルメニア人ゲンリフ・アルトゥニャン（一九三三—二〇〇五）や、キエフの数学者レオニード・プリューシ（一九三九—二〇一五）、クリミア・タタールの民族運動のリーダーだったムスタファ・ジェミーレフ（一九四三―）他、モスクワに留まらない、この時期の反体制派の代表的な面々が参加していた。このグループの活動は、おもにソ連国内での政治的な迫害に関する情報を国連など世界へ向けてアピールすることにあった。

グループのメンバーは、ほとんどが弾圧や逮捕に遭い、矯正労働収容所や精神科病院に収容された者も少なくなかった。さらに、メンバーの約半数は実質的に国外追放となっている。

ちなみに、ソ連の反体制派たちが逮捕後に送られる施設のひとつに精神科病院があるのだが、これは、一九世紀後半以降の精神医学の発展を基盤としてソ連独自の展開をしている。帝政時代からロシアの監獄には精神科棟があったが、スターリン時代には専門の特殊精神科病院が開設され、それは刑罰用の収容施設として機能することになる。反体制派の刑罰施設として「活躍」した特殊精神科病院はミシェル・フーコーらも関心をもっていた。

さて、人権擁護イニシアチブグループ創設の翌年の一九七〇年一一月には、モスクワに「ソ連人権委員会」（「モスクワ人権委員会」とも）が設立されている。創設メンバーには、アンドレイ・サハロフや、物理学者で、後にアメリカに亡命し多くの著書を遺したヴァレーリイ・チャリーゼ（一九三八―二〇一八）、やはり物理学者のアンドレイ・トヴェルドフレボフ（一九四〇―二〇一一）らがいた。トヴェルドフレボフはその後、一九七三年に政治囚を支援する人権擁護団体「グループ73」やアムネスティ・インターナショナルのソ連支部も設立している。

チャリーゼは、一九七二年にレクチャーに招かれて渡米した際にソ連の市民権を剝奪された。その後は亡くなるまでアメリカで生活し、出版社「チャリーゼ・パブリケーションズ」を立ち上げて、ソ連では出すことのできなかった出版物を世に出している。出版人としての彼の仕事を見ると、人権擁護活動家チャリーゼが、革命とは何だったのか、スターリンとは何者だったのかという歴史の問い直しを通して、ソ連の存在意義を思考し続けていたのだと思わずにはいられない。一九八一年にニューヨークで出版された著書『コミュニズムの勝利者　スターリン、社会主義、ロシアをめぐる考察』の中で、チャリーゼはソ連について次のように言っている。

スターリンは社会主義革命を打ち負かし、共産党を殲滅《せんめつ》し、一九一七年以前よりもはるかに専制的な形でロシアに帝国を復活させた。その際に、彼はマルクス主義のイデオロギーを利用して真の目的を隠したのである。彼は我々と全世界を欺いたのだ。[*5]

この短い引用からもわかるように、この時期の反体制派たちはおおむねコミュニズムに対して反感をもっていたわけではない。チャリーゼも自国を「ロシア」と呼んでいるが、この文章からは、彼らの国である「ロシア」という器があり、その内容物のように「帝政」や「ソ連」があるかのようだ。そして、あるべきはずだったソ連はスターリンの圧政によって消滅したのだと考えていることもわかる。

ソ連人権委員会は、機関誌『社会の諸問題』をサミズダートで発行し、国際人権連盟に加盟するなど国際的な組織にもなったが、メンバーの亡命や死去などで、七〇年代半ばには活動を閉じてしまった。

女性人権活動家たち

人権擁護イニシアチブグループやソ連人権委員会の一員として、この時期に反体制活動を行った多くの女性たちの中で、代表的な人物である三人をここに挙げておきたい。

ソ連人権委員会のメンバーだったソフィア・カリストラトワ（一九〇七―一九八九）は人権派の弁護士だった。ロシア正教の司祭の家に生まれたが、革命後はソ連の公式イデオロギーに準じた法律家として仕事に従事していた。弁護士としての仕事は、さまざまな事件を通して、自分たちの社会が抱える諸問題への気づきを得る機会が多い。カリストラトワは職場をいくつか変えてはいるが、少年事件、そして政治犯の弁護をよく手掛けていた。未成年者の犯罪（非行）に対し、カリストラトワは、子どもたちの生活環境に非行の原因を探そうとしたという、つまり、少年自身ではなく、まず国家・社会が非難されるべきだと考えていた。

また、六〇年代以降はサミズダートが原因で逮捕された反体制派や、七〇―八〇年代に出国ビザを申請しても拒否され、ソ連出国が認められない「オトカズニク（拒否された人）」と呼ばれる人たちを助ける活動も行っていた。そのため、これまでに言及した反体制派の人びとの中にも彼女の弁護を受けてきた者は多い。カリストラトワの法廷での演説もまた、サミズダートで流布されていた。裁判の結果が、ほぼ事前に決定しているに等しいソ連での被告人の弁護は、その労力が無に帰すことも多いわけだが、カリストラトワは、無実の罪に問われ有罪となる仲間たちのために公開書簡を書き、嘆願書を用意し、政治的なハラスメントを受ける人びとを支援したのである。彼女が残した言説は、今もソ連時代の貴重な証言となっている。

一方、人権擁護イニシアチブグループのメンバーだったタチヤーナ・ホドロヴィチとタチヤーナ・ヴェリカノワは、ともに『時事クロニクル』の執筆や発行に関わり、連名で声明文を発表し、繰り返し〈精神の自由〉を主張している。また、やはりイニシアチブグループの仲間であるレオニード・プリューシが逮捕され、精神科病院に収容された際にも、連名で〈セルゲイ・コヴァリョフも〉公開書簡を出し、当局のやり方を〈恐喝〉だと非難した。

自分の精神を犠牲にすることは自殺であり、他人の精神を犠牲にすることは殺人です。精神的な殺人……。そのような状況を私たちに課す者たちに私たちが言えることはただひとつ、否《ニエート》だけです。

果敢に闘った二人だが、ホドロヴィチは一九七七年にフランスへ亡命、ヴェリカノワは一九七九年に「反ソ的プロパガンダ」を行った廉で逮捕され、四年の自由剥奪と五年の流刑を宣告された。ヴェリカノワの収容所体験については、作家イリーナ・ラトゥシンスカヤの『灰色は希望の色』（一九九一、邦題は『強制収容所へようこそ』）で読むことができる。

また、歴史家で、テレビ局のディレクターでもあり、二〇一四年のロシアのクリミア併合を批判し、翌年にモスクワで殺害された野党「人民自由党」の党首ボリス・ネムツォフ（一九五九―二〇一五）の右腕だったウラジーミル・カラ＝ムルザJr.（一九八一―、以下「カラ＝ムルザ」）が、二〇〇五年に制作したテレビ用のドキュメンタリー映画『彼らは自由を選んだ』は、一九六〇―八〇年代のソ連における反体制運動の歴史を描いた秀作である。エレーナ・ボンネルやウラジーミル・ブコフスキイ、ナターリア・ゴルバネフスカヤ、セルゲイ・コヴァリョフなど、この時期の人権運動に、文字通り人生を捧げた面々のインタビューと回想は、社会が常に政治的緊張を孕《はら》む国の未来へ向けられたまなざしを感じさせ、闘いが今なお続いていることが伝わってくる。カラ＝ムルザは、〈世界でもっとも強力な全体主義国家に対しても屈しなかった真の英雄たち〉の姿を見せたかったのだと語っている。カラ＝ムルザは、ロシアのウクライナ侵攻後の二〇二二年二月二七日に設立された「ロシア反戦委員会」の主要メンバーとして逮捕されたが、二〇二四年八月、欧米とロシアとの囚人交換によって釈放され、ドイツに渡った。

こうして、ソ連とその後のロシアにおける人権擁護団体の歴史が始まった。それは、ソ連崩壊後のロシア連邦において、多岐にわたる活動の目的ごとに展開されていったが、二〇二二年二月二四日に始まったウクライナでの戦争開始後、プーチン政権によってことごとく閉鎖されていく事態となった。

モスクワ・ヘルシンキ・グループ

二〇二三年一月に、モスクワの裁判所から解散命令が出たことが報じられて、「メモリアル」とともに再び世界的に脚光を浴びることになったロシアの人権団体「モスクワ・ヘルシンキ・グループ」は、一九七六年に設立された、ロシアでもっとも歴史の古い組織である。一九七五年のヘルシンキ宣言（欧州安保協力条約）を受けて創られたこの団体は、当

リュドミーラ・アレクセーエワ

時の緊張した冷戦下において、対話による平和と国際関係の安定を目的としたこの条約をソ連当局が遵守することを監視するためのものだった。物理学者のユーリイ・オルロフ（一九二四―二〇二〇）が初代代表となったが、結成当初からソ連当局の激しい弾圧を受け、逮捕や国外追放でメンバーを失ったグループは八二年に一旦活動停止を決めた。再開されたのは八九年、ペレストロイカが始まってからのことである。

活動を再開したグループを率いたのは、言語学者で反体制派のラリーサ・ボゴラスだった。ちなみに、ボゴラスの最初の夫は、シニャフスキイ＝ダニエル裁判の被告となった作家のユーリイ・ダニエル、息子は本書でたびたび引用している反体制派の研究者アレクサンドル・ダニエル、二番目の夫は、やはり反体制派の作家アナトリイ・マルチェンコ（一九三八―一九八六）である。六〇年代から反体制運動に参加したボゴラスは、六六年のシニャフスキイ＝ダニエル裁判の折に、文学者のマリア・ローザノワ（一九二九―二〇二三、夫はシニャフスキイ）とともに人道性と合法性を求める書簡を検事総長宛てに送っている。

また、二人は、後に『白書』となる裁判記録を残すことにも尽力している。ボゴラスは、六八年に赤の広場で行われたソ連のチェコスロヴァキアへの軍事侵攻に反対した七人デモの一人でもある。このとき彼女は四年の流刑となっている。

この時期の人権運動でもう一人重要な女性活動家が、リュドミーラ・アレクセーエワ（一九二七―二〇一八）だ。アレクセーエワは、一九九六年から亡くなる二〇一八年までモスクワ・ヘルシンキ・グループの代表を務めた人だ。八九年の活動再開以降、グループは、全米民主主義基金（レーガン政権時代に設立された諸外国の民主化支援を目的とした非営利基金）など欧米のスポンサーから提供された資金によって運営されていたが、アレクセーエワは二〇一七年に外国からの資金援助をすべて断つことを決定した。プーチン政権下で「外国の代理人」に指定されると国内での活動ができなくなることを懸念したからだった。

アレクセーエワはもともと歴史が専門で、彼女が遺してくれた著書『ソ連における異論派の歴史』（一九九二）は、ソ連の反体制派を、人権運動だけでなく民族運動や宗教運動においても捉え、それぞれを独立した社会運動として体系的に記述した貴重な歴史資料であり、かつ、ドラマティックな読み物でもある。また、回想『雪どけの世代』（二〇〇六）を読むと、スターリン時代の真《ま》っ只中《ただなか》で育った世代が、雪どけ期を経て反体制運動へと身を投じていく様子が、生のひとつの原型《アーキタイプ》であることに納得がいく。人間の良心が国家や権力と真剣に向き合うことで研ぎ澄まされていくことを実感できる一冊でもある。

モスクワ・ヘルシンキ・グループは、二〇二三年の一月二五日に当局の要請に基づいてモスクワの裁判所から解散命令を受け、現在は活動を停止している。

メモリアル

モスクワ・ヘルシンキ・グループよりも早く、二〇二一年一二月にロシア最高裁判所によって閉鎖を命じられたのが、ロシア最大の人権団体「メモリアル」である。メモリアルは、一九八九年に設立された非営利組織で、ソ連時代に粛清や弾圧に遭った人びとの名を歴史に残すための活動を手掛けてきた。ロシア国内各地に支部をもち、活動やイベントには誰でも参加できるものが多く、二〇二二年にはノーベル平和賞を受賞している。

メモリアルは、モスクワ・ヘルシンキ・グループや統一民主主義運動政策評議会「連帯」など多くの団体で活動するレフ・ポノマリョフ（一九四一―）とサハロフが中心となって設立され、ロシアを全体主義国家へ戻さないために、市民の法意識や法の支配に基づく民主主義国家の発展を促すことを目的とした。また、その名が示しているように、政治的な弾圧の犠牲となった人びとを記憶に残し、真の歴史を取り戻すための具体的な活動を行ってきた。

モスクワにあるメモリアルの記念館で開催されていた展覧会やイベントには、閉鎖前には常に多くの来訪者がおり、展示品の種類や質の高い構成は非常に印象深いものだった。何より、ここに来なければ手にできないような市井の人びとの回想や日記などと出会うことのできる貴重な空間でもあった。

多彩な活動を行っていたメモリアルだが、特に挙げておきたいのが「名の回復」と「最後の住所」プロジェクトである。

「名の回復」は、毎年一〇月二九日から三〇日にかけてロシア全土、三〇以上の都市で行われる市民行動である。一九九一年よりロシアでは、一〇月三〇日を「政治的弾圧被害者

「名の回復」ポスター

「名の回復」当日のモスクワの様子

の記憶の日」と制定している。反体制運動の最中の一九七四年、モスクワ・ヘルシンキ・グループのメンバーでもあった天文学者のクロニード・リュバルスキイ（一九三四―一九九六）と、ウクライナの活動家アレクセイ・ムルジェンコ（一九四二―一九九九）は、政治囚として服役中だった。ムルジェンコは、非合法のマルクス主義グループ「自由と理性同盟」の初期メンバーで、イスラエルへ亡命するために一九七〇年にハイジャック事件を起こしていた。彼らが獄中で、一〇月三〇日を「政治囚の日」にしようと決め、ソ連で政治囚となっているすべての人たちと連帯して、この日にハンガーストライキを行うことにしたのである。

「名の回復」は、各都市の記念碑などの前で、参加者が弾圧の犠牲者となった人の名、生年月日、生誕地、職業、没年月日、死因、名誉回復された年を読み上げていくアクシヨンである。歴史書にはまったく記されることのない市井の人びとの名を、声にすることで記憶に刻み、ある人物が生きていた証を忘却から救う営みは、現在まで途絶えることなく続いている。拠点となる場所には、例年、長蛇の列ができ、各自が故人の情報を書いたメモやスマホを手に、一人、あるいは数人の名を読み上げては交代していく。その様子はYouTubeチャンネルで配信され、ロシア国外でも、ウクライナやベラルーシ、ラトビア、リトアニアの他、チェコやポーランド、アメリカ、イギリス、ドイツなどとも中継でつないでいる。読み上げられる名の数は年々増え、活動の時間も長くなってきている。このことは、ソ連崩壊から三〇年以上経った今なお、新たな犠牲者が発見されていることを意味しており、イデオロギーが人間を殺す規模の甚大さと、どれだけ時を経ても、犠牲者たちを発見することとは、空白だらけのソ連の歴史を埋める営みなのだということを痛切に感じさせてくれる。

「最後の住所」活動は、政治的弾圧の犠牲者たちが最後に暮らした建物に「名の回復」と同じく名や生年月日、居住年などを記した小さなプレートを設置するものだ。ロシアの建物の外壁には、かつてそこに住んでいた著名人の記念プレートが貼られていることが多い。

さらに、歴史的な人物は、通りや駅の名になっていることも多いから、都市と建築物が成す空間が、かつてそこに生きた人物の記憶と融け合って今も息づいている感がある。一人の人間が、ある時期そこに生きていた証を残すこと――それがメモリアルという組織の存在する意義である。しかし、「名の回復」にしろ、「最後の住所」にしろ、犠牲者たちの死因でもっとも多いのが「銃殺」だという事実は、感傷的な気分になることを少しも許してはくれない。

銃殺された人たちのほとんどは、スターリン時代の大テロルの犠牲者である。ペレストロイカ以後に公開された資料の分析によれば、一九三〇―五三年のスターリン時代に政治的な理由で有罪となった人は約三七八万人で、そのうちの約七九万人が銃殺刑となっているが、死亡した場所や埋葬地がわかっていないケースも多い。

ロシア最大の人権団体として世界的にもさまざまな活動を続けてきたメモリアルが解散命令を受けた裁判では、旧ソ連の国家イメージを傷つけたとして検察側に批判された。メモリアルの活動は、それに先立つ二〇一五年には、ロシア当局から「外国の代理人」指定を受けており、反体制運動と認知されてきた。二〇二一年の解散命令後も、活動も弾圧も続いており、二〇二二年には団体の幹部だったオレグ・オルロフ（一九五三―）がウクライナ侵攻に対する反戦デモに参加したとして逮捕され、二年半の禁固刑となっている。

現在、メモリアルは、犠牲を出さずに活動を続ける方法を模索しているようだ。何よりも、ソ連時代に回帰したかのように、政治囚という冤罪の被害者が再び拘置所や刑務所に増えている今、彼らの運動もまた、必要不可欠なものとして生き延びなければならないと思う。

地下フェミニズム運動とキリスト教

非公式の反体制運動とはいっても、一九七〇年代以降のそれは、国外にも認知される国際的な活動となったが、その一方で、小さく地道な活動を手掛ける人たちも無数にいた。そうした活動の中に、サミズダートを用いて独自の運動を行った女性たちがいる。

もっとも興味深いのは、一九七九年に発行されたサミズダート誌『女性とロシア』である。『女性とロシア』は、宗教哲学者のタチヤーナ・ゴーリチェワ（一九四七―）、詩人のユリア・ヴォズネセンスカヤ、画家のタチヤーナ・マモーノワ（一九四三―）、文化人類学

『女性とロシア』メンバー。左からT.マモーノワ、N.マラホフスカヤ、前がYu.ヴォズネセンスカヤ、後ろがT.ゴーリチェワ（写真提供マラホフスカヤ）

『女性とロシア』第1号の表紙

者のナターリア・マラホフスカヤ（一九四七―）らが企画・編集・出版したフェミニズム雑誌である。

　この雑誌は、アメリカのフェミニズム運動に通じていたマモーノワが、ソ連でフェミニズム雑誌を作ろうと呼びかけたのが発端となっている。ヴォズネセンスカヤは一九七五年にも、マモーノワからサミズダートでフェミニズム雑誌を作ろうと誘われたというが、そのときは関心がなく断っている。しかし、以前からサミズダートやタミズダートを通して反体制的な創作と出版に携わってきたヴォズネセンスカヤは、自分自身の逮捕と収容所での生活体験を経て、ソルジェニーツィンらが書くものだけでは足りない、女性たちの話を聞き、記録しなければならないと気づいたのだという。

　こうして、一九七九年に、マモーノワが再びヴォズネセンスカヤらに声をかけたことで、ソ連で唯一のフェミニズム運動が始まるのである。後に彼女たちが語った話によると、このとき、マモーノワ以外のメンバーは、「フェミニズム」という語すら知らなかったのだそうだ。マモーノワの説明を聞いて、「私たちにぴったりだ」と思ったという。

ちなみにソ連では、革命時に、アレクサンドラ・コロンタイらのようなフェミニストたちが活躍したが、革命の成就によって表面的には「男女平等」が実現されたとされ（実際に多くの点が改善されはした）、一九三〇年には「女性問題は解決済み」として、ソ連共産党女性部（ジェノジェル）が廃止されている。以降、女性たちの権利や生活の改善を当局に要求するような運動は確認されていない。

したがって、一九七九年に起きたこの運動は、時期的には欧米のフェミニズム第二波に近いし、マモーノワによってソ連に持ち込まれた部分もあることはあるが、フェミニズムという語すら聞いたことのなかったヴォズネセンスカヤたちが、ソ連社会で女性として生きる中でおのずとたどり着いたものだということもできる。ちなみにマモーノワは、英語の勉強がしたくてモスクワのアメリカ大使館をよく訪ね、アメリカの雑誌を読ませてもらっていたのだそうだ。

一方、フェミニズム運動が起きた理由には、「男女平等」の社会であるはずのソ連が決して男女平等ではなかったこと、労働者として社会での役割を果たしながら、家庭では家事と育児をすべて担わされている女性たちの疲労と不満が飽和状態だったことがある。ソ連は当初、女性を男性と同等の労働力として社会に動員するために、女性たちを家事と育児から解放しようと考えた。しかし実際には、公共の仕事として社会が請け負う予定だった保育所や託児所の普及は遅れ、重工業を重視して軽工業を軽視した結果、日用品は慢性的に不足して、パンを買うにも長い行列に並ばなければならない毎日となっていた。そうした物不足のしわ寄せは、常に女性たちを苦しめることになった。

『女性とロシア』に代表されるフェミニズム運動は、男女平等が実現されたソ連には女性差別が存在しないという虚偽を暴いた。一方で、世界もまた、冷戦下にあるソ連という国に政治的な視線を向けることに終始し、市井の女性たちの生活には、一部の支援者を除けばほとんど注意を払わなかった。そうした中で、『女性とロシア』は、ソ連において無意識的に抑圧されてきた女性たちの声を拾い上げ、その内実を世界に向けて可視化することになったのである。

しかし、『女性とロシア』は、第一号を準備しているときからすでにKGBに目をつけられ、発刊をやめるよう執拗《しつよう》な脅迫を受けている。一九七九年一二月に創刊した第一号は、すぐにKGBに没収されてしまった。それでも、国外に持ち出されたものがフランスで出版され、その後世界各地へ拡散していった。日本でも片岡みい子氏の編訳で、ダイジェスト版『女性とロシア　ソ連の女性解放運動』（亜紀書房、一九八二、ここに収められた記事には日本語版用に寄せられたオリジナルのテキストや他のサミズダート誌に掲載されたものも含まれている）として紹介された。

サミズダートを利用したこのフェミニズム運動の大きな特徴は、マモーノワを除くメンバーが皆、ロシア正教徒だったことにある。ソ連では、とりわけ一九七〇年代に洗礼を受けた若者たちが多く、ゴーリチェワやヴォズネセンスカヤらもそうだった。司祭が自宅で密かに行う洗礼によって信徒となった彼女たちは、いずれも共産党員の家庭に生まれ、ソ連的な教育を受けて育った世代だが、大人になってから自分の意志でキリスト者となることを選んでいる。ゴーリチェワはこの時期、詩人のヴィクトル・クリヴーリン（一九四

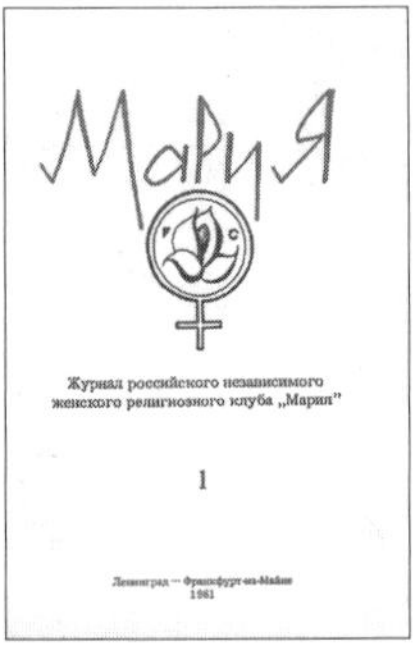

『マリア』創刊号

四―二〇〇二）と結婚していたが、レニングラードの彼らの自宅は、「第二の文化」と呼ばれる非公式文化の中心のひとつとなっていた。そこでゴーリチェワは宗教のレクチャーをしていたというが、ロシア正教のみならず、さまざまな信仰をもつ人たちが集まっていたという。

一号で終わってしまった『女性とロシア』の後、モスクワオリンピックを目前に控えた一九八〇年七月に、ゴーリチェワやマモーノワらは全員国外追放となる。ヴォズネセンスカヤは、かつてインタビューで、国外へ出るよう促されても拒んでいたが、夫や息子をアフガニスタン（ソ連はアフガニスタンへ軍事侵攻中だった）に送ると脅迫され、ついにソ連を出る決意をしたと語ったことがある。

その後、マモーノワ以外のメンバーたちは、『マリア』という新たなフェミニスト誌をタミズダートで出すことになる。一九八〇年の欧米のフェミニズムの状況を考慮すると、ソ連で迫害されたフェミニストたちがキリスト教徒で、正教の教義に基づいた女性の生き方を追求することは奇妙に映ったにちがいない。実際、ヨーロッパへ出たソ連のフェミニストたちの記者会見では、神について語り出した彼女たちに唖然《あぜん》として聴衆が中途で会場から出ていってしまったという逸話も残っている。けれども、『女性とロシア』『マリア』というふたつの出版物が体現したこのフェミニズム運動は、不十分な「男女平等」の果てにソ連社会がたどり着いた現実をよく物語っている。

一九八一年にドイツで出た『マリア』一号では、〈ソ連社会は、ある種の似非《えせ》母権性アンチユートピア〉であり、それはソ連社会が〈社会ではなく、巨大なひとつの台所〉だからだと糾弾している。これは、「料理女が国家を切り盛り」するといったレーニンの表現を揶揄《やゆ》している。革命後のソ連は、女性たちを台所から解放し、社会的に男性と同等の労働者とすることを目指したはずが、女性たちが社会に出た結果、社会全体が台所と化してしまったのだ。労働現場も家庭も、国の隅々まですべてが女性の労働力に託され、女性たちは疲弊し切ってしまった。女性は、性を奪われ、公私の別なく「男のように」働かされただけではないか、ソ連の女性たちにとって、フェミニズムはもはや実存的な問題となっているとして、女性の解放とは何かという本質的な問いへと私たちを戻すものだったのである。

ゾーヤ・クラフマリニコワ

同じ一九七〇年代には、『女性とロシア』に先立って、女性たちによる別の非合法な宗教活動も起きていた。そのひとつがサミズダートで出版された『希望』である。『希望』は、反体制活動家で文芸評論家だったゾーヤ・クラフマリニコワ（一九二九—二〇〇八）が、一九七六年にタイプライターで自主出版した読本で、ロシア正教をテーマにしている。教父の著作や、司祭から信徒へのメッセージ、正教の苦行者らの教え、亡命した聖職者たちからの書簡に加え、クラフマリニコワが書いた正教文化に関する記事などが掲載されていた。

クラフマリニコワは、一九七〇年までは、『新世界』や『旗』といった公式の文芸誌に評論を書き、エストニア文学の研究を行うソ連科学アカデミーの研究員だったが、七一年に洗礼を受けて正教徒になった。それ以降は、反体制派として、ソ連における宗教文化復興のための活動に舵を切っている。彼女の著作は、サミズダートだけでなく、例えば、パリで発行されている『ロシアキリスト教運動通報』といったタミズダートの出版物にも登場するようになり、ソ連当局は七四年にクラフマリニコワをアカデミーから解雇した。

公式な出版活動の機会を剥奪されたクラフマリニコワは、完全に非公式の世界の人となり、『希望』を刊行する。この活動によって、クラフマリニコワは一九八二年に逮捕され、五年の流刑となっている。しかし、獄中で彼女は修道誓願を立て、監獄を神と向き合う精神修行の場に見立てることで自身の思想を貫いた。

クラフマリニコワは多くの著作を残してくれたが、それらは、ソ連に生きてみずから信仰を選んだ者たちの思想を私たちに教えてくれる。信仰とは何かという問いへと戻してくれるのである。とりわけ印象深い著書は『母マリアのロシア思想』[*6]（一九九七）で、ロシア正教の修道女で、亡命先のドイツでユダヤ人らを救いラーフェンスブリュック強制収容所に送られ、一九四五年にガス室で生を終えた「母マリア」（俗称エリザヴェータ・スコプツォワ、一八九一―一九四五）をめぐるものだ。その中でクラフマリニコワは、二〇世紀のロシアにおいて、ボリシェヴィキによる信仰への迫害を受けながらも権力への屈服を拒んだ一部のロシア正教会が、みずからを「真の正教会」と呼んだとき、真のキリスト教はその意味と経験を獲得したと述べている。その渦中にあって無宗教から正教徒となり、後半生を信仰に生きた一人の女性の生と思想が、後期ソ連で信仰者となった女性たちの内に息づいていたことに気づかせ、納得させられる一冊なのである。

ちなみに、クラフマリニコワの娘ゾーヤ・スヴェトワ（一九五九―）も、アンドレイ・サハロフ賞などを受賞したことのある人権派のジャーナリストだ。二〇一八年には、ロシアでテロリスト扱いされたウクライナの映画監督オレグ・センツォフの人権保護のために尽力し、二〇二〇年のベラルーシ大統領選の際には、プロテスト運動への支持を表明している。スヴェトワの子どもたちも現在、独立系メディアのジャーナリストとなっており、反体制運動とその思想が脈々と受け継がれていることがわかる。

また、クラフマリニコワのサミズダート誌『希望』に協力した一人に、ヴェーラ・ラシュコワ（一九四四―）がいる。タイピストでもあったラシュコワがタイピングした出版物は無数にある――ダニエル・シニャフスキイ批判の『白書』、文学・政治・宗教アンソロジーの『フェニックス66』（一九六一―一九六六）、『時事クロニクル』、アレクサンドル・ギンズブルグの裁判記録『カルーガ、一九七八年七月』などだ。これらの活動のせいで、ラシュコワは一九六七年に逮捕されたが、釈放後も同じ活動を継続し、クラフマリニコワの

『希望』の出版も手掛けている。一九八三年には首都を追放となり、モスクワから一七〇キロメートル離れたトヴェリに移って、トラック運転手をしながら暮らしていた。

ラシュコワは、若い詩人たちの結社SMOGのメンバーとも親交があり、一九六五―六六年には、詩人たちがラシュコワの部屋に集まって活動を行うほどだった。SMOGは、ウラジーミル・アレイニコフ（一九四六―）とレオニード・グバノフ（一九四六―一九八三）が一九六五年に始めた活動で、検閲を拒んで自由な創作を行う組織としては最初期のグループで、彼らの詩は、今でも非常に愛されている。ラシュコワは後に、この時期に出会った友人たちが自分の人生を決定した、何より、詩を愛しているということで結束していたと語っている。

アンダーグラウンドの文学界とつながりが深かったラシュコワは、『回想』のナデージユダ・マンデリシタームの友人でもあり、その最期のときまでそばにいたという。

第五章　プーチン政権と闘う女性たち

プーチンの登場と女性たち

一九九九年、当時のエリツィン大統領の辞任に伴い、大統領代行となったウラジーミル・プーチンは、二〇〇〇年にロシア連邦大統領となった。二〇〇八年から二〇一二年は一旦首相に退いたが、二〇一二年に大統領に復帰してからは憲法改正を行うことで任期を延長可能とし、二〇年以上にわたる権力維持を果たしている。

プーチンのもとで、ロシアはソ連崩壊後の混乱を乗り越え、資本主義国家として経済も回復・発展した。だが一方で、当局と市民との関係性は決して対等なものにはなっていない。

とりわけ、圧倒的な優位にある与党の意志によって頻繁に改正され、新たに制定される法律は、民主的な社会を望む市民活動家たちを違法な「犯罪者」とする機会を急増させることになっている。理不尽な新法との闘いに加え、二〇二二年に始まったウクライナへの軍事侵攻を受けての反戦運動は、二一世紀の新たな反体制運動の波を起こした。そしてその渦中では、ロシア史上もっとも多くの女性たちが、権力との闘いに、文字通り命がけで取り組んでいる。

その活動は、実に多様な参加者と方法を展開してみせている。ロシアに限らず、世界の歴史上、こんなにも多くの若い女性たちが「政治犯」として投獄され、国外追放されたことがあっただろうか。彼女たちの支援と連帯の鎖は、国境も刑務所の壁も越えて、決して切れることがないかのようだ。

現在のロシアで（あるいは移住先で）女性たちが取り組む反体制運動は、戦争への反対と平和で自由なロシアを目指すこと、ジェンダーによる差別や弾圧をなくし、誰もが自由に生きることのできる社会にすること、暴力を是とする法を正し、家庭内暴力などの加害者を法で裁き、被害者を増やさぬ土壌を作ることに集中している。

圧倒的な力をもつ政権与党に対し、彼女たちの訴えはあまりにも非力ではないかと思う場面もないわけではない。それでも、活動家たちがしばしば口にする、〈ロシアのすべての人が政権を支持しているのではないということを示すこと、抵抗する人の存在を可視化することが大事だ〉という主張は、日本に生きる私たちの背中も押してくれるように思う。

家庭内暴力から女性たちを護れ

ソ連時代から、もっと正確に言えば、ソ連以前から続くロシア社会の問題のひとつが家庭内暴力（ＤＶ）である。これには、おもに男性たちのアルコール依存症の問題も絡んでいるし、結果として離婚率の高さの要因にもなっている。

しかし、ただでさえ多いＤＶが、二〇一〇年代後半以降さらに急増しているという。二〇一九年五月二四日付の『ドイチェ・ヴェレ』紙は、ロシアにおけるＤＶの増加は〈本物のエピデミック〉になっていると報じている。これには、ある法改正が関わっている。

二〇一七年二月、ロシアで改正ロシア刑法が成立した。これによりロシア刑法一一六条における「暴力」の定義が変更されたのである。新たな法律では、「暴力」は「健康被害や労働能力喪失の原因となる行為」とされ、後遺症や障害が残るほどの怪我を負わない限り犯罪とはみなされないことになってしまった。この改正法では、家族や近しい関係にある者からの暴力行為は行政法扱いとなり、仮に夫に殴られる妻が通報したとしても警察は駆けつけてはくれなくなった。

この背景には、プーチン体制下で政策として掲げられている「家族関係の強化」という指針がある。二一世紀に入ってからのロシア、とりわけ都市部では、結婚したがらない若者や、子どもをもたない生き方を望む人たちも増えて日本社会と似た状況が生じている。ロシアの少子化はソ連時代から続く社会問題だが、それもあってか、プーチン政権になってからは「伝統的な価値観」を良しとする傾向が加速してもいる。そして、ロシア正教会もまた、家族・母子保護委員会といった組織を通してこれを後押ししている。

家庭内暴力の非犯罪化は、夫の暴力が警察沙汰になって離婚に至る機会を奪い、被害者である女性や子どもたちを加害者のもとに留めることを助長する。しかし、大家族や多産を奨励する政権にテレビを中心としたメディアが加勢し、夫が妻に手を上げただけで子どもを片親にすべきなのか、殴られる側にも落ち度はあったのではないか、そもそも家庭内の問題を警察に通報すべきなのかといった意見が流布されるにつれ、世論はやがて賛成へと転じていく。この法改正案が提出された際の世論調査では、賛成と回答した人は九パーセントにすぎなかったが、三カ月後には五九パーセントにまで上昇している。

法改正に際しては、フェミニストたちを中心として、国内で大きな反対運動が起きている。また、与党内の女性議員たちによる再犯罪化のための法案も提起されたが、その後の進展は見られない。実際に、二〇一八年には、三人姉妹を家庭内で奴隷化し、性暴力もふるっていた父親を被害者たちが殺害した「ハチャトリアン三姉妹事件」や、嫉妬深い夫に執拗な暴力を受け、両手の指を切断されてしまった「マルガリータ・グラチョワ事件」という衝撃的な事件が立て続けに起きた。これらの事件は、被害者たちを護るべき法が、加害を増幅させたり、加害者側の助けとなっていることを明白にしたのである。警察の報告によれば、法改正前の二〇一六年に比べ、二〇一七年には警察に記録されたDVの件数が九〇パーセント以上減少したという恐ろしい結果となっている。

こうした状況の中、DV被害から女性たちを護る活動に取り組む団体は一九九〇年代から登場していた。「アンナ」や「シスターズ」「暴力へNO」「あなたは独りじゃない」といった民間の支援団体は、通常、女性たちからの連絡を二四時間体制で受けつけ、救出やシェルターへの避難誘導を行っていた。

そして女性支援団体の活動は、二〇二〇年のコロナウイルスによるパンデミックでさらに需要を増すことになる。同年三月にロックダウンが始まると、ロシア政府は厳しい外出禁止措置をとった。家に閉じこもっていなければならない中、失業や休業で減収の不安が尽きない夫は苛つくことが増える。しかし、暴力をふるわれた妻が逃げようとして家を出ると、外出禁止令に違反したとして警察に捕まり、罰金を科されて自宅に戻されるという事態が生じたのである。一九九三年から活動を続け、ロシアの女性支援団体のさきがけでもある民間の危機センター「アンナ」によれば、ロックダウンが始まるとすぐにホットラインへの相談件数が跳ね上がり、一カ月でシェルターは満室になってしまったという。*1

しかるべき法の不在は、弁護士や活動家たちにとって障壁となるだけでなく、被害者となる女性たちの諦めと加害者の自己正当化の感情を生み、暴力をますます不可視化してしまう。ソ連崩壊後の混乱の中で、暴力の被害者となる女性や子どもたちを救うために手探りで始まった民間の女性支援活動は、プーチン政権下において、家族制度の維持という大義名分による法改正やパンデミック、そして戦争によって、例を見ない緊急性に見舞われた。しかしウクライナでの戦争開始以降、続々と人権団体やＮＰＯが閉鎖を強いられる中で、「アンナ」なども「外国の代理人」に指定され、代表らは国外出国を余儀なくされた。

プッシー・ライオット

プッシー・ライオット

他人に肩書きを決められることを嫌うプッシー・ライオットについて書くのはとても難しい。一〇人以上の女性たちから成るこのグループは、フェミニスト集団であり、パンク・ロックバンドであり、アート集団であり、アクティヴィストたちであり、政治問題やジェンダー差別に抗議を続けるレジスタンス運動家たちである。

二〇一一年に結成されたプッシー・ライオットの名を世界が知ったのは、翌年の二〇一二年二月二一日、モスクワの地下鉄クロポトキンスカヤ駅近くにある救世主ハリストス大聖堂で、赤や青、黄色の派手なワンピースとタイツに原色のバラクラバ（目出し帽）で顔を隠した若い女性たちが、ゲリラライブを行い、〈聖母よ、どうかプーチンを追い払って！〉と歌ったあの日である。

アンプをつなぎ、楽器を用意し、照明をセットし、録画の準備をして演奏を開始する、そして演奏を中断させられるまでの時間は一分にも満たなかった。それでも、このときの動画は拡散し、各国のメディアで報じられることになる。プッシー・ライオットにとっては、いつもの路上などでのゲリラライブとなんら変わらない、むしろ、予定していた長さの演奏ができなかったことで〈プッシー・ライオット史上最低のアクション〉[*2]となったこのライブは、彼女たちのようなレジスタンスがプーチンのロシアに存在することを世界に示し、ロシア正教会の中枢が政治権力と癒着していることを、何よりも、反体制運動が今なお厳しい弾圧を受けていることを再認させることになった。彼女たちは、ロシア刑法第二一三条「集団によるフーリガン行為」の罪で起訴された。

神聖なる信仰の場で悪ふざけをした若い女性たち、という印象をもった人も多いだろうが、このパフォーマンスの意義はそれほど単純なものではない。

プッシー・ライオット結成の経緯についてはさまざまな場で語られているが、結成直後の二〇一一年一一月にロシアのニュースサイト『パブリック・ポスト』に掲載されたインタビューでは、同年五月に、メンバーたちが欧米のパンク・フェミニストグループに興味

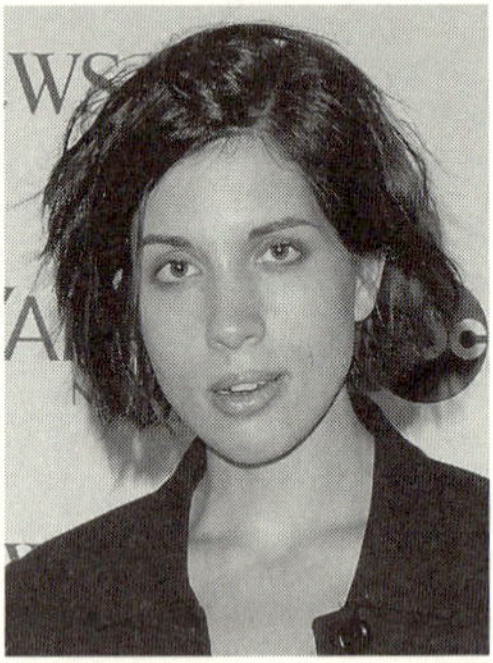
ナデージュダ・トロコンニコワ

をもつようになり、ロシアにはこうしたグループがまったくないことに気づいたと話している。それで、自分たちで作ることに決め、半年後の一一月七日（ロシアでは十月革命を記念した「革命の日」にあたる）に最初のクリップをYouTubeに投稿したという。

プッシー・ライオットは、これ以前にもあちこちの公共空間でゲリラライブを行っていたが、この大聖堂での活動によって、ナデージュダ（ナージャ）・トロコンニコワ（一九八九―）、マリア・アリョーヒナ（一九八八―）、エカテリーナ・サムツェヴィチ（一九八二―）の三人が逮捕された。彼女たちは全員、二〇〇七年に結成されたコンセプチュアリズム・パフォーマンス・アートグループ「ヴォイナー（ロシア語で「戦争」の意）」のメンバーでもあった。

ヴォイナーもそうだったが、そのパフォーマンスは、ロシア当局に対して強烈なインパクトを与えるプロテストとなっている。女性グループとなったプッシー・ライオットは、それに加えて、おもなコンセプトにフェミニズムやLGBTQの権利も掲げている。

トロコンニコワは、二〇二〇年にロシア正教会の大司祭ディミトリ・スミルノフが逝去した際に『Daily Storm』（ロシア国内のさまざまなメディアから集まったジャーナリストたちが、利他主義に基づいて、真実を伝えることを目的としたプロジェクト）のインタビューに答えて、この聖職者がプッシー・ライオット誕生のきっかけとなったことを明かしている。彼女たちは、YouTube でスミルノフの動画を数多く閲覧し、その中に溢《あふ》れるスミルノフの女性蔑視、ホモフォビア、セクシズムの言説への反発としてグループを結成したという。

とはいえ、プッシー・ライオットのメンバーにはロシア正教徒もいて、信仰それ自体の否定ということではない。プーチン政権とロシア正教会の癒着は長年指摘されており、正教会内部でも司祭の離反や断罪が行われている。政治と信仰には遵守すべき関係があるはずだが、ソ連時代の弾圧の七〇年間も、その後のプーチン政権との二〇年間もそれはいびつであり、その責は権力をもつ者たちにある。

私見になるが、現在のロシア正教会は、（例えばチェチェンのような）ロシア連邦に属する親露派の共和国のひとつのようだ。上層部には、官僚のような「聖職者」たちがおり、彼らの手が届く聖堂や教会は、資本主義の「勝ち組」のような雰囲気を放っている。一方で、小さな教会や己の信仰を護ろうとする誠実な聖職者も多く、地方などで祈りと清貧の暮らしを生きる司祭や補祭に出会うと、その静かで凛《りん》とした姿や言葉に心が喜ぶこともある。もちろん、プッシー・ライオットの怒りは、正教会「当局」に向けられている。

ちなみに、救世主ハリストス大聖堂は、モスクワのロシア正教会のシンボル的な寺院のひとつである。黄金の丸屋根を冠し、威風堂々とした白亜の建築は、この国の正教会の権威を物語っているようにも見えるが、これほどに波瀾《はらん》に満ちた歴史をもつ聖堂も多くはないと思う。ロシア革命後の一九三一年一二月五日、ソ連当局によって爆破され木っ端微塵《みじん》となった聖堂の跡地には、ソヴィエト宮殿[*3]の建設が予定されていたが、結局その計画は頓挫し、一九六〇年にこの地に登場したのは、広々とした市営の温水プールだった。

しかし、六〇年の時を経て大聖堂は復活する。一九九二年に再建が決定され、九五年に着工した工事は二〇〇〇年にすべて終了し、成聖式が執り行われて、多くの信徒を喜ばせた。一〇年後には、ゲリラライブの会場となることなど、このとき誰が想像しただろう。

プッシー・ライオットは、この日のパフォーマンスを「パンク・モレーベン」と呼んでいる。「モレーベン」とは、「奉神礼」と訳される正教会の祈りのことで、司祭だけでなく一般の信徒も行うこともできる。「パンク・モレーベン」の後、この聖堂は「プッシー・ライオット大聖堂」と呼ばれるようにもなった。

救世主ハリストス大聖堂のパフォーマンスは、刑事事件として扱われ、半年後の八月には裁判が始まった。逮捕された三人は、最終的に懲役二年の実刑判決を宣告されたが、サムツェヴィチのみ執行猶予付きとなっている。彼女たちはアムネスティ・インターナショナルによって「良心の囚人」と認定された。

その後も、プッシー・ライオットによる抗議行動は続いている。彼女たちの批判は、ロシアのみならず、アメリカの内政にまで及んでいる（特に第一次トランプ政権時代）。共通する問題点は、自由な創造への検閲と政治囚の人権擁護（例えば第四章で述べた、ロシアによるクリミア併合に異を唱え「テロリスト」とされたウクライナの映画監督オレグ・センツォフの釈放を求めたパフォーマンス）、リプロダクティブ・ヘルス・ライツの保護（アラバマ州やテキサス州での人工妊娠中絶禁止への反対）、ＬＧＢＴＱの弾圧反対と権利の保護（ロシア政府の主要機関にレインボーフラッグを設置するなど）、そして反戦運動（ウクライナを支援する一連のパフォーマンス）だ。さらに、環境保護などの活動もしている。

現在、メンバーはロシアを出て国外で活動を続けている。外国で暮らす反体制派のロシア人は少なくないが、その中でも抜きん出て世界の支持を集めているといえる彼女たちのまなざしは常にロシアを向いている。二〇年以上続くプーチン体制で膠着《こうちゃく》したロシアは、男性がマジョリティである政治がいかに女性を虐げるものとなるかを、極めて単純明快に例証しているかのようだ。その違和感をトロコンニコワはさらにわかりやすく言語化してくれる。

ロシアでは、内閣の女性率はたったの一〇パーセントである。［中略］そして統計によれば、ロシア市民の四分の一が、政治には女性の居場所はない、あるいは政界の女性の数はもっと減らされるべきだと信じている。私の政府は最近、女性たちを家庭内暴力から守る代わりに、家庭内暴力を合法化する法案を可決した。*4

同書の中でトロコンニコワは、〈私がフェミニストになったのは、ロシアの男たちが手を差し伸べようとしなかったからだ。ロシアの男は女と握手しない。それが悩みの種だった〉とも書いている。「伝統的価値観」が支配しようとする社会で生きる女性たちが、それぞれに感じる日々の違和感や理不尽さを体現しようとするとき、そこにはアートの多様なジャンルがあった。彼女たちが生きる国では、芸術が常に政治を批判する効果的な手法となる歴史が根づいていた。頭の固い大人たちに怪訝《けげん》な顔をさせながら、むしろわざと大人たちを苛つかせながら、自国に新たな「革命」を起こすことを諦めない女性たち。その姿が、二〇二二年以降、反戦運動に立ち上がる多くの若い女性たちの手本となったことは明らかだ。

闘う女性ジャーナリストたち　①マリーナ・オフシャンニコワ

ウクライナでの戦争が始まって三週間ほどが過ぎた二〇二二年三月一四日、ロシアで最大の視聴率を誇り、半国営放送ともいえる第一チャンネルの午後九時のニュース番組「ヴレーミャ」でそれは起こった。ニュースを伝える女性キャスターの背後に突如現れたもう一人の女性――彼女は手書きのポスターをもち、「戦争反対！　戦争をやめろ！」と叫ぶと、明らかにカメラを意識しながら、メッセージがカメラに収まる最良の位置を探していた。ポスターには英語とロシア語混じりで、〈No War　戦争を止めて、プロパガンダを信じないで、あなたたちは騙《だま》されている　Russians against war〉と書かれていた。一瞬にして世界中にその名を知られることになったこの女性は、第一チャンネルのプロデューサーだったマリーナ・オフシャンニコワ（一九七八―）で、わずか六秒のアクションだった。

「放送事故」となったこのニュースは中断され、ネット上にあがった動画はことごとく削除されてしまったが、オフシャンニコワはテレビに先立って録画していたメッセージ動画を自身のＳＮＳアカウントに投稿した。この動画は瞬く間に拡散され、そこで〈クレムリンのプロパガンダのために働くことが恥ずかしくなった〉と語る彼女に多くの支持が集まった。ジャーナリストのチモフェイ・ジャドコはこのときのオフシャンニコワを、一九六八年に赤の広場で七人デモに加わった詩人ナターリア・ゴルバネフスカヤの姿と重ねている。

自身のＳＮＳでの動画の中でオフシャンニコワはこう語っている。

ウクライナで今起きていることは犯罪です。そしてロシアは侵略国です。この犯罪の責任は一人の人間の良心にのみある。その人物とは、ウラジーミル・プーチンです。私の父はウクライナ人で、母はロシア人です。彼らは一度も敵だったことなどありません。私の首にあるこのネックレス（※ウクライナ国旗の色）は、ロシアがすぐさまきょうだい殺しの戦争をやめ、私たちきょうだいたる民族が和解すべきだということのシンボルなのです。

マリーナ・オフシャンニコワ

残念ながら、私は、この数年間、クレムリンのプロパガンダを行いながら第一チャンネルで働いてきました、今はそのことがとても恥ずかしい。テレビの画面から嘘を伝えさせたことが恥ずかしい。ロシアの人びとをゾンビ化させたことが恥ずかしい。こうしたことがすべて始まった二〇一四年に、私たちは黙っていました。クレムリンがナヴァリヌイに毒を盛ったときも、

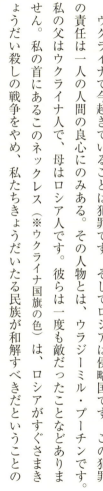

私たちはデモに出ませんでした。私たちは、この非人間的な体制をただ黙って見ていただけでした。そして今、私たちは全世界から見放されてしまいました。私たちの子孫の十世代先になっても、このきょうだい殺しの戦争の恥は払拭されることはないでしょう。

この放送後、オフシャンニコワは拘束される。保守系のメディアに勤務するジャーナリストの中にはもちろん、戦争を機に退職した人も数多くいるが、生放送中の反戦活動は他に例を見ない。オフシャンニコワは、この行為のせいで、文字通りすべてを失うことになる。それでも当初は、フランスのマクロン大統領からの亡命受入れも断り、愛するロシアへ残ることを表明していた。二人の子どもを一人で育てていたオフシャンニコワは、外国で生活やジャーナリストとしてのキャリアを一から仕切り直すという困難は避けたいと考えたのである。どうやら、第一チャンネルの辞職は覚悟していたが、ここまで大きな反響を呼ぶことは想像していなかったようだ。彼女の息子は、これまでの生活を台なしにした母を非難したという。それでも行動を起こさないわけにはいかないときがあると、オフシャンニコワは言う。けれども、結果として、彼女はロシアでの暮らしも、子どもの親権も一部失ってしまったのである。

二〇二二年四月から、彼女はドイツの新聞『ディ・ヴェルト』でフリーランスのジャーナリストとしての職を得ていたが、七月には裁判のためにロシアへ帰国、ロシア軍の信頼を失墜したとして五万ルーブルの罰金を科されている。

一方で、この帰国の際にオフシャンニコワは、モスクワのソフィア河岸通りで反戦のプラカードを手に一人でピケを張っている。ウクライナで殺された子どもたちの写真とともに、〈三五二人の子どもたちが殺されました。あなたたちがやめるには、あと何人の子どもを殺さなければならないのですか？〉というメッセージが書かれ、プーチンを〈人殺し〉と名指しして露骨に非難した。ソフィア河岸通りは、一〇年ほど前から高級住宅地として開発され、現在は、別名「億万長者通り」とも呼ばれる富の象徴のような地区で、クレムリンが真正面に見える場所だ。

この活動もまた、ロシア軍に対する「虚偽」の情報を流したとして自宅軟禁となったが、その後、娘とともにフランスへ亡命した。二〇二三年一〇月の裁判は欠席裁判となり、オフシャンニコワには八年半の実刑が言い渡された。この裁判には、オフシャンニコワの母親と息子、そして元夫が検察側の証人として出廷した。元夫は、さらにオフシャンニコワの親権を剝奪する訴訟を起こし、娘の捜索願いも出している。

現在パリで娘と暮らすオフシャンニコワは、二〇二三年に『戦争に反対するロシア人たち　生放送の六秒間』[*5]という自伝的フィクションをドイツで出版した。この本は各国語に訳されて広く読まれている。彼女が採った体制批判の方法は、彼女自身のそれまでの生活を一変させ、家族との離別を強いられることになった。その思想と生き方については、ロシア国内でも国外でも賛否両論あり、一時はウクライナの人たちにさえ拒否されたこともある。それでも自著のエピローグで、オフシャンニコワは自分を次のように肯定し、励ましている。

> ときどきわたしは、娘をこんな試練に遭わせてしまったことで自分を責めることがある。ひょっとしたら、慣れ親しんだ心地よい家庭生活を守るためには、何百万ものロシア人がそうしているように、頭を砂の中に突っ込み、何も恐ろしいことなど起きて

いないようなふりをしたほうが楽だったのではないかと思う。

しかし、沈黙は犯罪に加担することだ。ウクライナの町にロシアの爆弾が降り注ぐ時、何もしないで黙っていることはできなかった。誰かが立ち上がり、アンデルセン童話のように、大きな声で「王様は裸だ！」と世界に向かって言わなければならなかった。[*6]

プロパガンダで身を護る現在のロシア当局が張りぼてであることはやがて露呈する。それに気づいたとき、ロシアの人びとは〈とてつもなく恐ろしいものになる〉だろう。そして、ヒトラーのドイツが生まれ変わったように、ロシアも生まれ変わることができる。〈悪は勝利しえない、力は光の側にある〉、そう確信するジャーナリストたちは、国を追われてもなお、いつか帰りゆくロシアに視座を定め、異国の地で今を生き抜いている。

闘う女性ジャーナリストたち　②アンナ・ポリトコフスカヤ

二〇〇六年一〇月七日、モスクワ市内にある自宅アパートのエレベーター内で、ジャーナリストのアンナ・ポリトコフスカヤ（一九五八―二〇〇六）の射殺体が発見された。この事件は、黒幕がいまだにわかっていないのだが、偶然なのか意図的なのか、ウラジーミル・プーチンの五四回目の誕生日に起きている。「ロシアの真実を暴いたジャーナリスト」と呼ばれる人物の訃報に触れた大統領は、彼女のことを〈欧米ではよく知られた人物〉だが、ロシアの政界への影響はほとんどなかったと語り、冷めたコメントをした。その言葉には明らかに、ポリトコフスカヤが西側と親しい人物であるという批判が含まれているが、現在も独立系メディアやリベラル派の人たちに対して「外国の代理人」というレッテルを貼り、排除し続けているこの大統領の態度は、ほとんど自身の生理的嫌悪感に基づいているのではないかという気さえしてくるほどだ。

ポリトコフスカヤは、二〇二一年にノーベル平和賞を受賞したロシアの独立系メディア『ノーヴァヤ・ガゼータ』紙の記者で、とりわけ、チェチェンに関する取材で知られ、多くの賞を受けている。

チェチェン共和国は、ロシア連邦南部の北カフカースと呼ばれる地域に位置し、イスラム教徒のチェチェン人を主たる市民としている。一九九一年のソ連解体後に、ロシアからの独立を目指す勢力とロシア連邦への残留を支持する勢力との間で紛争が生じ、これにロシア軍が介入して、二度にわたる大きな「チェチェン紛争」へと至った。この紛争は、ロシア各地でのテロ事件も引き起こしていたが、二〇〇三年に大統領に就任したアフマド・カディロフ（一九五一―二〇〇四）と、二〇〇七年から現在まで大統領を務めている息子のラムザン・カディロフ（一九七六―）の二代の指導者が、プーチン体制との親密な関係を築きながら、チェチェン共和国内で独自の独裁体制を築いていった。しかし、その政治思想は、家父長制の強化や実質的な一夫多妻制の奨励など問題に満ちている。

アンナ・ポリトコフスカヤ

ポリトコフスカヤは、チェチェンにおける人権問題や同性愛者の弾圧などを世界に発信するとともに、その背後にいるプーチン政権も批判してきた。二〇〇二年にモスクワで起きた「劇場占拠事件」（人質一三〇名が死亡）の後、二〇〇四年に北カフカースの北オセチア共和国で起きた「ベスラン学校占拠事件」（人質三三三名が死亡）の際には、チェチェン独立派とも知己のあるポリトコフスカヤは、交渉人として事件解決のためにベスランへ向かったが、飛行機の中でお茶を飲んだ後に意識を失ってしまう。この一件は証拠がなく、いまだに原因が特定されていないが、世間では反体制派ジャーナリストに対する毒殺未遂事件だと捉えられている。

二〇〇六年に自宅アパートで彼女が殺害された事件は、世界的にも大きなニュースとして報道され、実行犯としてチェチェン人の容疑者が逮捕された。その他にも犯行グループのメンバー三名が逮捕され実刑判決を受けたが、彼らに殺害指示を出した黒幕は明らかにされぬままだ。ポリトコフスカヤの存在は、チェチェン独立派にとっても、プーチン政権にとっても目の上のこぶであり、敵対勢力のテロ行為をロシア当局が放置した前例になったともいえる。

ポリトコフスカヤのような国際的な視野をもったジャーナリストは、この世代のロシアでは稀有な存在である。彼女は、一九五八年にソ連の外交官の娘としてニューヨークで生まれた。アンナ・ポリトコフスカヤというジャーナリストの出現は、その後のロシアのジャーナリズムの歴史を変えたといっても過言ではないと思う。ソ連式のメソッドで育成されたジャーナリストたちの中に、この後、新しいタイプの女性ジャーナリストたちが登場する嚆矢となったのがポリトコフスカヤなのである。

モスクワ大学ジャーナリズム学部在学中に知り合って結婚した夫のアレクサンドル・ポリトコフスキイは、彼女とはジャーナリストとしての考え方が相違しており、アンナの仕事はジャーナリズムではなく文筆活動か何かだと言ったという。この批判は、実はポリトコフスカヤの仕事の本質を突いている。彼女は、その活動と取材を材料とした著書を数冊遺してくれたが、それらを読むと、ソ連解体後の九〇年代、そしてプーチン体制に入った二〇〇〇年代のロシアで起きた歴史的な事件の記録であると同時に、アンナ・ポリトコフスカヤという一人の女性のバイオグラフィーでもあり、反戦や反独裁体制を貫く思想の書であることもわかる。

九〇年代以降のロシアには、この「新しいジャーナリズム」が必要だと（もしかしたら無意識にかもしれないが）感じていたのではないかと思う。チェチェン紛争の取材で一躍有名になったポリトコフスカヤだが、彼女はもともとチェチェンの専門家でも戦場ジャーナリストでもなかった。抜擢《ばってき》したのは、ノーベル賞受賞報道などでご存じの方も多い『ノーヴァヤ・ガゼータ』紙の編集長ドミトリイ・ムラトフである。

ポリトコフスカヤは、自著『チェチェン　やめられない戦争』[*7]の中で、編集長が自分を選んだ理由を、〈私がごく一般の市民であるからこそ、同じ一般市民の、つまり戦争に巻き込まれてしまったチェチェンの村や街の人びとの体験をもっともよく理解〉できると考えたからだと記している。ポリトコフスカヤは〈書かなければならない〉という使命感をもって、チェチェンで目の当たりにした事実を記事にしていく。それに対し編集部には、クレームの電話や手紙が後を絶たなかった――なぜこんな、人びとを怖がらせるような記事を書かねばならないのか、と。ポリトコフスカヤの答えは明快だ――私たちが生きている今起きている戦争の責任は私たちが負わねばならない、参加していないからといって逃れることはできない、居直ることなく真実を知らなければならない、カフカースには「英雄」などいない、ソ連式の答えなど無用である、と。

アンナ・ポリトコフスカヤの娘で、やはりジャーナリストのヴェーラ・ポリトコフスカヤ（一九八〇―）は、自著の中でこう書いている。

わたしの母は、一部の男性ジャーナリストが戦争報道に携わるときに放出するアドレナリンが好きではなかった。彼女が戦場に赴いたのは、証言し、犠牲者の声を拾いあげ、彼らの苦悩に言葉を与えるためだった。「わたしは詩人のようなもの。全力で生き、目に映るものを書きとめるの」。母はわたしにそう語っていた。*8

アンナ・ポリトコフスカヤのジャーナリストとしての活動はすべて、プーチン政権との闘いだったといっていい。チェチェン紛争はチェチェン人にとってもロシア人にとっても悲劇でしかなく、軍事侵攻を主要な政策として用いる大統領のやり方は、戦争以外の場面でも同様に多くの人の命を軽視した暴力によって解決する道を選んできた。

二〇〇二年にモスクワの劇場でミュージカル「ノルド・オスト」の公演中にチェチェン独立派の武装集団が九〇〇人以上の観客らを人質に取り、チェチェンからのロシア軍の撤退を求めて立てこもった「モスクワ劇場占拠事件」は、それを明確に示す一例だといえる。この事件の際、ポリトコフスカヤはチェチェンと関わりの深いジャーナリストとして、テロリストたちとの交渉役を務めている。しかし、犯人側の要求は一切受け入れられることはなく、日に日に死傷者は増え、事件発生から四日後、FSB（ロシア連邦保安庁）の特殊部隊が現場へ突入、テロリストはほぼ全員その場で射殺された。けれども、人質となった観客と劇場関係者たち一七四人も死亡しており、そのほとんどはFSBがテロリストを麻痺《まひ》させるために使用した無力化ガスによって亡くなったことが明らかになったのである。FSBは劇場の換気口などからガスを館内に流し込んでいた。

アンナ・ポリトコフスカヤは著書『プーチンのロシア』[*9]の中で、プーチンに対する嫌悪を明確に表現している。

私がなぜプーチンを嫌いになったのか？　まさにこれのせいだ。盗み以下の愚鈍さ。シニシズム。レイシズム。終わることのない戦争。嘘。「ノルド・オスト」のガス。最初の任期中ずっと絶えなかった罪なき人びとの殺された遺体。なかったかもしれない遺体のせいだ。

ポリトコフスカヤの筆は、チェチェン紛争の背後にある真実を明かし、プーチン式の戦争が単なる暴力と殺人でしかないことを伝え、犠牲となるのはいつも罪なき市民であることを訴え続けた。そのために彼女は常に命を狙われてもいた。

二〇〇四年に北オセチアのベスランで起こった「学校占拠事件」の際にも、ポリトコフスカヤは前述のように犯人側との交渉をするため現地へ向かった。二〇〇四年の新学期が始まる九月一日に始まったこの事件では、チェチェン独立派らから成る武装集団が、ベスランの学校で生徒や保護者ら一〇〇〇人以上を人質にとり三日にわたって立てこもった。ポリトコフスカヤは、九月二日に現地へ飛んだのだが、機内でお茶を飲んだ後に意識を失い一時重体となる。ポリトコフスカヤ自身は、彼女を事件現場へ行かせまいとするFSBによる毒殺未遂だと考えていたが、もちろんFSB側はこれを否認している。

そしてその二年後、自宅アパートでの悲劇が起きたのである。

ロシア連邦内では、女性ジャーナリストたちに対する暴力、殺害未遂、そして殺人事件が後を絶たない。そして、ポリトコフスカヤのようにチェチェンを取材する記者たちが被害者となることが多いのも事実だ。最近では、やはり『ノーヴァヤ・ガゼータ』紙の記者でポリトコフスカヤの同僚で友人でもあったエレーナ・ミラシナ（一九七八―）が、二〇二三年七月に複数の男たちに襲われ大怪我を負う事件があったが、ミラシナもチェチェンにおける人権侵害や同性愛者の弾圧に関する取材を精力的に続けており、チェチェンでは同性愛者の殺害が黙認されていることなどを告発してきたジャーナリストだ。

また、ポリトコフスカヤと同い年で、「メモリアル」のグローズヌイ（チェチェン共和国の首都）支部の所長を務めていたナターリア・エステミロワ（一九五八―二〇〇九）も、チェチェン内での冤罪や拷問、裁判もなく処刑される人びとのためにジャーナリストとして、人権活動家として奔走していたが、二〇〇九年に拉致され、同日に森の中で射殺体で発見されている。

にもかかわらず、ロシアではその後もジャーナリストとなる女性たちは後を絶たない。エレーナ・ミラシナも、ジャーナリストになったきっかけはアンナ・ポリトコフスカヤだったと話しているし、後述するエレーナ・コスチュチェンコも、一〇代のときにポリトコフスカヤの『ノーヴァヤ・ガゼータ』の記事を読み、スヴェトラーナ・アレクシエーヴィチの本を読んだことでジャーナリストになることを決意したと書いている。

政治への反感と抵抗の精神は、ジャーナリズムにおいてはひときわ「遺伝」していくようだ。ポリトコフスカヤやエステミロワの娘たちもジャーナリストになっているが、それだけでなく、彼女たちの書いたものを読んだ若い女性たちもまた、受け取った言葉を糧に成長していくのである。アンナ・ポリトコフスカヤの存在は、ロシアのジャーナリズムがソヴィエト的なものを脱する契機となったということができる。

闘う女性ジャーナリストたち　③スヴェトラーナ・アレクシエーヴィチ

二〇一五年にノーベル文学賞を受賞したスヴェトラーナ・アレクシエーヴィチ（一九四八―）は、今ロシア語で文筆活動を行う作家たちの中で、世界でもっとも読まれているといっていいだろう。ポリトコフスカヤよりも一世代上で、スターリン時代のソ連に生まれた彼女は、すでにジャーナリストとなってから、チェルノブイリ原発事故やソ連崩壊を経験しており、当時のソ連にあっては、実に特異な視点から歴史の記録を残すことをみずからに課してきた。

ジャーナリズム活動を始めた初期の頃のアレクシエーヴィチに、「反体制」という政治的な意識がそれほど強くあったとは思えない。ポリトコフスカヤとは異なり、社会の制度、政治の闇を暴くというよりはむしろ、個人的な欲求から市井の人びとの「声」を集めようとするアレクシエーヴィチの手法は、現在では目新しいものではない。けれども、公的な言説とは異なる私的な「声」に価値を見出し、それらを集めて記録に残すという作業は、ソ連では貴重、かつ稀有な仕事であった。同時に、一九六〇年代のソ連では注目すべき現象でもあった。

例えば、作家のリュドミーラ・ペトルシェフスカヤ[*10]（一九三八―）の作品のような不幸な女性たちを主人公とした小説が書かれ始めたのも六〇年代からだったし、スターリン時代の収容所体験をもとに自伝的長編を執筆したエヴゲーニア・ギンズブルグの『険しい行路』[*11]がアメリカで出版されたのも一九六七年だった（執筆は一九六二年。作者は文芸誌『新世界』『青春』に原稿を渡したものの掲載されなかった）。

公的な言説が是とされ、一人称を「私たち」と複数形で呼ぶことで消されてきたもの、それは――「私」だった。一人一人の人間の存在を取り戻すためには、ひとつひとつの声を聴く必要がある。その必要性を本能的に感じ取り、録音機を手に一人一人の声を集めてまわったのがアレクシエーヴィチだった。その仕事は、言うまでもなく、失われかけた記憶を後世へつなごうとするメモリアルなどの活動と共鳴している。ジャーナリストのマーシャ・ゲッセンは、アレクシエーヴィチのことを〈記憶の守人〉と呼ぶが、先述してきたように、ソ連時代以降、公式の歴史に残らぬ名を、詩を、声を記憶から言語化＝可視化することは、反体制派の主たる使命のようなものであった。

アレクシエーヴィチと権力との間に明確な摩擦が生じたのは、後に「ユートピアの声」五部作となる著書を出し始めてからのことだ。『戦争は女の顔をしていない』（一九八四）、『ボタン穴から見た戦争』（一九八五）、『亜鉛の少年たち』（一九九五）、『チェルノブイリの祈り』（一九九八）、『セカンドハンドの時代』（二〇一三）は、いずれも「小さな人びと」の声を集めた聞き書きの手法を用い、アレクシエーヴィチ自身が言うように、時代に翻弄された人びとの〈感情の歴史〉が綴られている。

スヴェトラーナ・
アレクシエーヴィチ

これらの著作では、作家自身の言葉が最低限に切り詰められているにもかかわらず、彼女がじかに聞

き、録音し、再生し、構成したテクストから、アレクシエーヴィチの不動のメッセージを読み取ることができる。彼女の政治に対する態度は、ソ連当局に対しても、現在のロシア、そして母国であるベラルーシ体制に対しても変わることがなく、まるで今なおソ連時代が続いているかのようだ。

体制に対する嫌悪と抵抗の理由は、ポリトコフスカヤと同じく、個人の命を軽視し、集団=国家のためという大義名分のもとに軍事力によって弱者に暴力をふるい、戦場で悲惨な死を迎えた小さき人びとを「英雄」に仕立て上げるというソ連式のやり方に対する怒りである。

美化されたソ連の「歴史」の裏面を見せるようなアレクシエーヴィチの活動には、ロシア当局はもちろんのこと、読者の間でも賛否両論ある。けれども、批判の主たる主張は、自国の暗部を外国に晒すという行為への反感となっており、言い換えれば、アレクシエーヴィチの筆が明かしたものがもうひとつの真実であるという肯定ともとれる。

独ソ戦、チェルノブイリの原発事故、アフガニスタンへの軍事侵攻をテーマとした一連の著作は、反戦、反原発の書ともいえる。戦争も原発事故もその責任は政治にある。それでもなお、現在のロシアはまだ戦争というカードを容易《たやす》く切る。ノーベル賞作家となって世界的な知名度を得たアレクシエーヴィチは、みずからの使命であるかのように、今も声を上げ続けている。二〇一四年のロシアへのクリミア併合を〈政治による強奪〉と批判し、二〇二〇年のベラルーシ大統領選の際に起きた市民の大がかりなデモを支持し、そして、二〇二二年に始まったロシアによるウクライナへの軍事侵攻にも強く反対した。プーチンの政治を共産主義の残滓《ざんし》とみなすアレクシエーヴィチは、〈私たちは共産主義を打ち負かすことができなかった〉と悲嘆するのである。

アレクシエーヴィチは、おもにロシア語で執筆活動をしているが、現在はベラルーシ国籍を有し、ドイツに暮らしている。「ソ連人」だった非ロシア人たちは、共有するロシア語や文化や歴史によって独立後もロシア体制と無縁ではない。現在、ベラルーシにおいても、ロシアにおいても、アレクシエーヴィチの著作は発禁扱いとなっており、入国も難しい立場だ。

アレクシエーヴィチの仕事は、ジャーナリズムとドキュメンタリー文学をつなぐ挑戦的なジャンルを開拓するものであった。その一方で、ソ連時代の文学が求めた「肯定的主人公」像を徹底的に排除し、もがき苦しむ真の人間像を歴史に刻んだのである。「ユートピアの声」は、ソ連が見たユートピアの夢に終わりを告げようとしている。それでもなお、現実が「英雄」ではなく不幸な生だったのだとしても、そこには生きた生身の人間が確かにいたことを私たちに伝えてくれるのである。

闘う女性ジャーナリストたち　④エレーナ・コスチュチェンコ

一九九〇年代末、ロシア西部の町ヤロスラヴリに、アレクシエーヴィチの本を読み耽《ふけ》る少女がいた。彼女はその数年後、『ノーヴァヤ・ガゼータ』紙に掲載されたアンナ・ポリトコフスカヤのチェチェンに関する記事を目にする。幼い頃から読書家で、新聞も隅から隅まで読み尽くしていたという彼女は、それでもまだ予想だにしないことがこの国にはあるのだと気づいた。貧しい家庭で育ち、アルバイトをしながら学校に通い、詩人を目指していた彼女は、急遽《きゅうきょ》進学先を変え、モスクワ大学でジャーナリズムを学ぶことを決意する。

一七歳でモスクワへ出てきてから一八年後の二〇二二年二月二五日、ロシアがウクライナへ軍事侵攻した翌日、ジャーナリストとなった彼女はいち早くウクライナ入りした。

現在、ロシアの若手ジャーナリストの中でもっとも活躍しているエレーナ・コスチュチェンコ（一九八七—）は、何よりもその怖いもの知らずの行動力と取材力、簡潔で美しい文体で読み手を魅了する。アンナ・ポリトコフスカヤに憧れて、同じ『ノーヴァヤ・ガゼータ』の記者となり、自分の愛する祖国ロシアの真の姿を知りたいと危険な取材に臨むコスチュチェンコは、反プーチン的メディアの先鋒として、そして、同性愛者でLGBTQ運動の中心的人物としてクレムリンと闘ってきた。ポリトコフスカヤのように北カフカースで仕事をするのが夢だと自著で告白しているコスチュチェンコは、テロの取材がしたいと、エジプトにもドネツクにも迷うことなく飛んでいった。

エレーナ・コスチュチェンコ

大学入学の翌年、最年少の一七歳で『ノーヴァヤ・ガゼータ』の正社員となったコスチュチェンコの持論は、一人一人に「声」を与えることがジャーナリズムの目的だということだ。大変な読書家であるにもかかわらず、トルストイの『戦争と平和』を読んだことがないという彼女は、一九世紀のロシア文学における「作者」の全能性には懐疑的で、主人公の上位に立つ作家に好意をもてないのだという。だからこそ、作者でさえすべての登場人物と同等の声をもつドストエフスキイの対話性を肯定してもいる。

アレクシエーヴィチの創作におけるジャーナリズムと文学の架橋性についてはすでに触れたが、コスチュチェンコはそれをさらに意識的に発展させている。彼女は、ジャーナリズムと文学の境界上には大きな領野があると考えている。したがって、メディアの報道とはいえ、記者が全知の書き手であってはならない。「一人一人に声を与える」という彼女のポリシーは、その後のジャーナリズム活動、執筆活動において揺らぐことのない一貫した姿勢となっている。そして、国が隠蔽したがるような、大量殺人事件の関係者や、マフィア、路上で売春する女性たち、薬物中毒者たちの声をみずから拾い上げていくのである。

二〇一四年にドネツクでの取材を行って以降コスチュチェンコは、途切れることなくウクライナとの関係を保った。二〇二二年二月二四日に戦争が始まると、ポーランドにいた彼女は翌日にウクライナ入りしている。オデッサやニコラエフ、ヘルソンから報道される彼女の『ノーヴァヤ・ガゼータ』の記事は、オンライン配信によって世界中で読まれたが、マリウポリへ移動する過程で、コスチュチェンコの殺害指令が出ているという情報を得たためにやむを得ず取材を中断し、ウクライナを出国することになった。ロシア軍とともに出兵していたチェチェンのカディロフ派の兵士たちが彼女の命を狙っていたのだという。その後、彼女は、ＰＴＳＤに苦しんだが、さらに、ドイツのカフェで毒を盛られたせいで長期間体調を崩すなど、命の危険に晒されてきた。『ノーヴァヤ・ガゼータ』は、彼女の書いた記事を削除するようクレムリンから脅迫を受け、記者たちの身を案じた同紙はこれに応じた。ちなみに同紙では、記者や寄稿者ら六名が不審な死を遂げている。そして現在『ノーヴァヤ・ガゼータ』は、ロシア国内ではメディアとしての資格を剝奪されている。

二〇二三年に出版されたコスチュチェンコの初の著書『ロシア　私の愛する国』[*12]は、ウクライナでの戦争が続きロシアに批判の目が向けられる中で、まずはイタリア語で、続いて英語で出版され、ロシア国内ではいまだに出版されないままだ（ロシア語版は、その後イスラエルで出版された。コスチュチェンコは「外国の代理人」リスト入りし、ロシアには帰国すらできない）。

コスチュチェンコ『ロシア　私の愛する国』表紙

『ロシア　私の愛する国』を読むと、ロシア人であるコスチュチェンコが、ロシアのジャーナリストとしてロシア政府を批判し続ける理由が、自国への愛ゆえだということがよく理解できる。

著書の中でコスチュチェンコは、ロシアで生まれ育った自分が「ファシストとの闘い」を正義だと信じていた少女から、実は、自分の愛する祖国こそが「ファシスト」であったことに気づく過程とそのときの衝撃を吐露している。自分の人生が紡がれたロシア、愛する家族が今も暮らすロシア、いつか帰りたいと願ってやまないロシアが残酷に隣国を爆撃し、人びとを殺し、傷つける日々を、ジャーナリストとして、国を愛する一人の女性として記録したこの書は、ロシア（とソ連）の反体制派と呼ばれる人たちの活動の核に、自分の国であるロシアへの揺るぎない愛があることを再認させてくれる。

外部から見れば、帝政時代もソ連時代も、そしてプーチン体制下の現在のロシアも、人権を蹂躙《じゅうりん》し、メディアを骨抜きにし、思想を異にする者を抹殺しようとする国家と映るが、意外なことに、反体制派たちを命がけで突き動かす原動力となっているのは「愛国心」である。反体制派の面々が、命の危険が迫ってもなかなかロシアを出ようとしない理由もここにある。国に留まり、中からこの国を変え、よりよい社会を築くための活動を目指していることがよくわかる。反体制派のリーダーで、獄死したアレクセイ・ナヴァリヌイも、毒殺未遂事件の後、逮捕されるとわかっていながらも治療先のドイツからロシアへ帰国したのだった。

コスチュチェンコはさらに、LGBTQの活動家としても知られている。自身がレズビアンであることを公表している彼女は、この一〇年以上ヘイトの対象となり暴力に晒されてきた（ウクライナでの殺害の危機も、同性愛者に対するヘイト殺人として処理しようとしたのではないかと『ノーヴァヤ・ガゼータ』側は見ている）。二〇一一年にプライドパレード参加中に殴打されたのを皮切りに、二〇一三年一月には「同性愛プロパガンダ禁止法」に反対するデモを行った際にも暴力事件に巻き込まれ、同年五月にはモスクワでゲイプライド集会に参加して警察に拘束されている。また、翌年の二〇一四年にも赤の広場での抗議運動の際に逮捕されている。

二〇一一年のパレードの際に彼女がブログに投稿した、〈なぜ私は今日ゲイパレードに行くのか〉というアピール文は、今ではロシアのＬＧＢＴＱ活動の歴史に残るものともいわれている。そこには、一緒に暮らすあるレズビアンカップルのありふれた日常が綴られている。仕事に行き、帰宅し、食事をし、愛し合い、眠る――ごく普通の生活を送る二人が、同性というだけで結婚もできず、パートナーとしての権利を何ひとつ手にできない理不尽さに対する怒りが打ち明けられている。異性カップルなら微塵も危惧することのない当たり前のことが決して叶えられないというばかばかしさを、なぜ今すぐやめることができないのか、普通の人間らしい生活がしたいのだ、「同性愛プロパガンダ」って何なのだ、そんなものは「赤毛プロパガンダ」というのと同じくらい無意味だ、髪の色はさまざまなのだから、と思いのたけが語られている。それだけに、ロシアで同性愛者がぶつかる壁の厚さと高さもひしひしと伝わってくる。

ＬＧＢＴＱの権利を守る彼女の活動は、自分の命と自由を守る生存の権利にダイレクトに関わるものだ。そのため、この活動をめぐる彼女の言説は常に激しい。二〇一三年に、いわゆる「同性愛プロパガンダ禁止法」が成立したときには、自身がゲイであることを公表していない与党議員を暴露するといった「脅迫」的な態度をとったりもした。新しく法を作ってまでマイノリティを消そうとする現在のロシアにおいて、〈もっとも脆弱《ぜいじゃく》な社会集団はＬＧＢＴＱの若者〉なのだとコスチュチェンコは主張する。クィアであるがために社会から抹殺されかねない子どもたち、若者たちを救うためには手段を選んではいられないという強い決意が窺《うかが》えるが、そこには、爆弾を抱えて走ったナロードニキの女性たちの幻影が見えるときがある。

フェミニストたちの反戦運動

二〇二二年二月二四日に始まったロシア軍のウクライナへの軍事侵攻は、その後、世界を巻き込む戦争となった。ロシア軍の侵攻開始から二五時間後、「フェミニスト反戦レジスタンスFem Antiwar Resistance（以下、ＦＡＲ）」という反戦グループが結成されたことがネット上でマニフェストとともに発表された。当初マニフェストには、発起人として、ロシア出身で現在はイギリスでジェンダー研究を行っているエラ・ロスマン（一九九四—）の名だけが明記され、その他は匿名となっていた。これは、ロシア国内にいるメンバーが弾圧される危険を避けるためであったが、間もなく主要メンバーの一人が詩人・作家でフェミニストのダリア・セレンコ（一九九三―）であることがわかった（セレンコは極右グループによる暴力に遭い、三月にロシアを出国、隣国のジョージアに避難したが、二〇二四年七月にスペインに亡命した）。

Женская ПРАВДА

ПОМОГ КОМУ-ТО — И ДЕНЬ ПРОЖИТ НЕ ЗРЯ

Читайте в номере:

ЧТОБЫ ВИДЕЛИ, ЧТО Я ПОСТОЮ ЗА СЕБЯ

ТЬМА — ПЕРЕД РАССВЕТОМ?..

А ЧТО СЛУЧИЛОСЬ?

ИСТОРИЯ ХОДИТ ПО КРУГУ...

МОЖЕТ, БУДЕТ ЛЕГЧЕ?...

FAR発行『女性プラウダ』

FARはこの戦争を機に組織され、広大なロシア全土に散在し、個々に活動をしていたフェミニストグループに、反戦の闘いのための団結を呼びかけた。その結果、二〇二四年五月の時点で、ロシア国内八〇以上の都市において反戦運動を展開するに至っている。

フェミニストたちによる反戦運動への着手がこんなにも迅速に始まったことには理由がある。そもそもソ連崩壊後から現在に至るまで、ロシアのフェミニズム運動で最大の課題となっているのは、暴力との闘いだからである。それについては、FARのマニフェストにも明確に表現されている。

戦争とは——暴力であり、貧困であり、強制的な移動であり、打ち砕かれた生活であり、安全の欠如、未来の展望の消失である。戦争は、フェミニズム運動の本質と真っ向から対立している。戦争は、ジェンダーの不平等を強化し、何年も前に達成した人権を退けかねない。戦争は、肉体的な暴力だけでなく、性暴力をもたらす。歴史が示しているように、戦時にはどの女性にとっても性暴力の被害に遭うリスクが数倍に跳ね上がる。このためにも、そしてその他の多くの理由のためにも、ロシアのフェミニストたち、そしてフェミニズムの価値観を分かち合う人たちは、わが国の指導部によって開始されたこの戦争に、断固として反対する必要がある。

ダリア・セレンコ

フェミニスト反戦レジスタンスのロゴ

FARの呼びかけは、団体だけでなく、潜在的なフェミニストだった多くの人びとに届いたようだ。即日登場したFARのSNSアカウント（Tereglam）は、みるみるフォロワー数が増えていき、一年後には六万人を超える規模となった。ＦＡＲだけでなく、以前から活動していたロシア各地のフェミニストグループも少なくとも五〇以上あり、それぞれに基本的な活動を維持しながら「反戦」の旗のもとに連帯していった。

また、ＦＡＲは、在外ロシア人たちを中心に、欧米諸国や韓国などにも活動グループが誕生し、ロシアの法に縛られることなく、ロシア国内ではすでに不可能となったデモやロシア大使館前での抗議などを行い、ロシアの反戦勢力の存在を世界にアピールし続けた。

第四章でも言及したように、そもそもロシアには欧米のようなフェミニズム運動の歴史がない。一九世紀後半からの女性解放運動は、欧米の運動と共鳴しながら、女性の権利獲得のために展開されたが、ロシアのそれは革命運動の一部となって独自の路線をたどり、ボリシェヴィキ革命後には、「男女平等は達成した」という建前のもとにあっけなく解体されてしまった。

その後は、一九七〇年代になるまで「フェミニズム」を名乗る活動は確認されていない（小さな運動が未発見のままという可能性はある）。したがって、世代から世代へと受け継がれてきた思想や運動の歴史、手法をロシアのフェミニストたちはもっておらず、断絶していた感がある。けれども、二〇一〇年代になって活発化してきた新たなフェミニズム運動が、ウクライナで戦争を行う自国政府に対する抵抗運動をもってついに政治化したのである。FARのマニフェストはこう締めくくられている。

この一〇年間でフェミニズム運動は、メディアや文化的な面で相当に大きな力を蓄えてきた。その力を政治の力に変える時が来た。私たちは、戦争に反対する、家父長制に、独裁主義に、軍国主義に反対する。私たちは未来であり、私たちは勝利する。

二一世紀のロシアのフェミニストたちの活動は、この反戦運動をもって、本格的にプーチン体制の弾圧の対象となった。クレムリンはそれまで、民間の女性たちの活動に政治的な脅威を感じてはおらず、女同士の助け合い程度にしか思っていなかったようだ。反戦運動の最大分子となったFARは、二〇二二年一二月に、ロシア当局によって「外国の代理人」に指定され、二〇二四年四月には、ロシア法務省の「望ましくない組織」リストに加えられた。

ＦＡＲのみならず、フェミニストたちの活動の根底には、法を操作することによって女性たちやマイノリティを危険に晒し続けるロシア政府、とりわけ大統領への不信感がある。ダリア・セレンコは、たびたび〈暴力は家から始まる〉と言うが、家庭内暴力の撲滅に長年取り組んできた女性活動家たちは、戦争を家庭内での暴力の延長戦上にあると見ている。セレンコはインタビューで、家庭で妻子を殴る男が戦場で外国の女性や子どもを乱暴に扱わないわけがないと話し、ロシアのフェミニズム運動は〈暴力を減らし、人びとが互いに平和に共存するため〉にあると断言している。

開戦当初は、大がかりなデモや、アクションが連日行われていたが、開戦から一週間後の三月四日に、当局はロシア国内における反戦運動の一切を禁止した。「戦争」という語の使用や、軍の威信を傷つける言動を厳しく取り締まり始めたのである。ロシア政府は、この戦争をあくまでも「特殊軍事作戦」と呼んでおり、「戦争」とみなした表現は「虚偽のニュース」としてメディアの検閲も強化された。現在、ロシア国内にあった独立系メディアはほとんど活動停止となっており、国外でインターネットを介して報道を続けている。

そうした中で、ＦＡＲのメンバーや、フェミニスト集団「エヴァのあばら」、ペテルブルクの学生たちによる反戦組織「春（ヴェスナー）」など、多様なグループが、できるだけ法に抵触しないアクションを考案し実行してきた。ロシア各地にウクライナでの一般市民の犠牲者を追悼する十字架を立てたり、戦争記念碑に花を供えたり、反戦メッセージをもった小さな人形を街頭に置く「小さなピケ」といったアクションは、警察の目を避けて瞬時に実行できる危険度の低いものとして定着している。また、黒い服を着た女性が喪に服すように黙って街頭に立つ「Women in Black」も国内外で行われ、日本でも見られた。スーパーマーケットの値札に反戦メッセージを書き込んだイラストレーターのサーシャ・スコチレンコ（一九九〇―）が逮捕され、懲役七年を求刑されたが、同様のアクションはその後も続いている（スコチレンコはその後、ロシアと欧米の囚人交換によって釈放され、現在はドイツにいる）。

さらに、今回の反戦運動でもっとも有効に用いられたのがインターネット、特にＳＮＳである。今やネット空間は、ソ連時代のアンダーグラウンドと同様の役割を果たしているといっていい。例えば、ＦＡＲのＳＮＳでは、ウクライナの女性たちの声を聴くための投稿が行われたり、支援金を集める活動や、反戦運動が理由で失職した人への経済的援助なども行ってきた。ＦＡＲは緩やかな組織で、メンバーとなるための手続きなどはない。ロシア軍の兵站《へいたん》を担う産業分野で働く人たちに、ストライキやサボタージュを呼びかけたり、それによって減給や失業の憂き目に遭う場合も想定した活動を行っていた。

こうした活動は、戦争開始から二年を過ぎた頃には、表面的にはほぼ潰《つい》えてしまったようにも見える。しかし、二〇二四年三月一日に行われたアレクセイ・ナヴァリヌイの葬儀に訪れた数万人もの人びとの長蛇の列を見ると、潜在的な体制への反対者はまだ相当数いるのではないかとも思える。ウクライナでの戦争が始まって八カ月後の二〇二二年一〇月に行われたロシアの独立系の世論調査機関レヴァダ・センターの調査では、軍事侵攻の継続を支持すると回答した人は全体の三六パーセントで、五七パーセントの人が停戦交渉を望んでいた。とりわけ、一八歳から三九歳までの若い世代では、六〇パーセント以上が停戦を求めていた。

厳しい検閲や弾圧、逮捕への恐怖心によって抑圧されている反戦感情は、やがて突破口を見出すかもしれない。ＦＡＲが言うように、反戦運動は戦争を止めることはできないかもしれないが、反対する人びとが確実にここに存在することを示すことはできる。彼女たちの行動と言説が、潜在的な反体制の人びとの意識を覚醒させる役割もあるにちがいない。

LGBTQ運動

二〇二三年一一月、ロシアでは「LGBTプロパガンダ禁止法」なる新法ができた。二〇一三年に制定された「同性愛プロパガンダ禁止法」に次ぐ、ジェンダー差別を促進する悪法である。

この一〇年間、ロシアの当事者や活動家たちは、性差別が合法化されていく中で、数え切れないほどのヘイトや、時には死のリスクの中でジェンダー平等のために闘ってきた。

ちなみに、ソ連崩壊後のロシアには、欧米のフェミニズムとジェンダーをめぐる思想や活動の仕方がほぼ同時に流入した。一九九〇年代には、雑誌『ジェンダー研究』も創刊され、旧ソ連圏の文化を対象にしたジェンダー研究が進められたのである（これらを牽引《けんいん》したのは、ウクライナのハリコフ大学教授イリーナ・ジェレプキナである）。ソ連時代に制定された、いわゆる「同性愛禁止法」も一九九三年には廃止され、こうした社会の風潮を後押ししたといえる。

革命後のソ連では、「男女平等」が大義名分となっていた。実際には、性差別や、社会と家庭における女性の二重負担、女性の貧困、リスクの高い中絶など女性をめぐる問題は山積しており、決して男女平等ではなかった。とはいえ、男女平等を目指す権利は約束されていたわけだし、実際に、自分たちの国には性差別がないと信じている人たちも数多くいた。少なくとも、人間は男／女という理由で区別されてはならないという意識が共有される基盤はあったはずである。

こうした歴史的背景をもちながら、ソヴィエト的な意識が社会に、そして人びとの記憶にも残った状態で、二〇一三年以降、性差別を合法化する政策が次々に打ち出されていったのである。プーチンは、二〇年以上にわたる大統領職の間、終始、「男らしさ」や「強さ」を称揚するような政治を行ってきたし、自分自身も、筋肉質の肉体をメディアで見せるなどして、男らしく強靱な心身をもったリーダーの印象を与えてきた。そうした思考が、戦争という暴力的な策を導いたという気がしてならない。

ここで、プーチン体制下でのジェンダーをめぐるその政策を見てみよう。まず重要な転機となったのは、二〇一三年に制定された「未成年者に対する非伝統的性関係の宣伝禁止法」である。通称「同性愛プロパガンダ禁止法」と呼ばれるこの法律は、その名の通り、同性愛者が他者の目に触れる場で、同性愛者であることを示すような行為や表現のすべてを禁止するものである。したがって、カミングアウトすることも、同性同士で手をつなぐことも、同性愛を思わせるようなイラストや芸術作品も、未成年者に同性愛を宣伝するものとして刑事罰の対象となる。この法は、決して建前ではなく、施行されるやいなや次々に逮捕者が出て、その多くはＬＧＢＴＱの活動家や当事者たちだった。

それだけではない。街頭を歩いていた同性愛カップルが殴打されるなどの暴力事件も相次ぎ、中には殺人事件に至ったものもある。法がヘイト殺人の後ろ盾となり、加害者が同性愛者を「犯罪者」とみなして暴力を正当化するような雰囲気を、政治家たちがあえて作り出したのだといえる。これを契機に、ＬＧＢＴＱを擁護する活動に拍車がかかったことは言うまでもない。

ロシアのフェミニストたちは、これまで、夫やパートナーの暴力から女性たちを保護する活動を展開してきたが、被害者となる対象は、これでさらに拡大した。メッセージボードを手に街頭に立つ当事者たち、デモに参加する活動家たちは、警察の取り押さえや拘束に臆することなく、ロシア社会にも同性愛者とその支持者が存在することをアピールする活動を続けてきたし、今も続けているのだが、そこにもまた、すでに紹介したソ連時代の反体制派の後継者たちを見ることができる。

そして二〇二三年には、ＬＧＢＴＱの宣伝禁止法が成立した。さらにその後、それまでは合法化されていた性転換手術を禁止することで、トランスジェンダーの自由も制限しようとしている（現行法では、トランスジェンダーは「病気」とみなされ、手術を行うことで公的に性別を変更することが可能）。そのため、この法が国会で取り沙汰された二〇二二年後半以降は、戦争の影響もあり、駆け込みで性別適合手術を受ける人たちが急増し、例年の一〇倍以上になっている。

こうして、伝統的な男／女として生きることを強い、その他の性を一切認めないとする政策が採られ、当然のことながら、すべての人に影響を及ぼすことになる。家父長的な性役割と、結婚・出産を是とする生き方が正しいとする雰囲気が教育や生活の中に浸透していくため、ロシアでは今、妊娠中絶の禁止を求める声も与党陣営から出てきている。そして、拍車をかけるように、二〇二四年一一月には、子どもをもたない人生を選ぶ「チャイルドフリー」の宣伝を禁止する法も制定されたのである。

新しい「サミズダート」——オンライン出版

第三章で紹介したソ連時代の非合法自主出版「サミズダート」は、検閲を無視した自由な文学の場を生み出して、後の大作家・詩人たちを輩出することになった。

一方、二一世紀に入ってからのロシアでは、自室のプリンターを使って印刷し、自分で製本して詩集などを作ることを「サミズダート」と呼ぶ若者たちが登場している。ZINEのようなものも含め、オンラインのみで発行するケースも多く、著名な詩人や作家たちも手掛けている。ネットの発展は、紙での自主出版に比べ、より速く、より広く著作を流布することを可能にした。著作権や印税への執着が低いロシア人たちゆえに、かなりの作品が無料で読めるようになっている。

そうした中で、体制に抵抗する人たちの「サミズダート」も活発である。先述のFARは『女性プラウダ』という新聞を発行し、SNSで公開している。『プラウダ』は、かつてのソ連共産党、現在のロシア連邦共産党の機関紙で、人びとになじみのあるこの新聞にフォントなども合わせて、高齢者の関心を引きやすいフォーマットとなっている。月に二、三号のペースで発行されており、クロスワードパズルなどもあるタブロイド版で読みやすい紙面作りがなされている。また、支持者がSNSからダウンロードし、自室のプリンタで印刷したものを近所の家々の郵便受けに投函するという活動も行っている。基本的には、ウクライナで「戦争」が起きていることを知らないロシア国内の人たちに、ウクライナの現実を伝えることを目的としており、「母や祖母に見せる」ことを指針としている。

また、ソ連生まれでイスラエル在住のロシア語作家リノール・ゴラーリク（一九七五―）は、ウクライナでの戦争が始まると、反戦をテーマに創作を始めた芸術家たちの作品を掲載するオンライン出版「ROAR（Russian Oppositional Arts Review）」を創刊した。戦争にショックを受けた芸術家たちが、それぞれにFacebookやインスタグラムなどに詩やエッセイを掲載する様子を見て、まとまった場を設けたいと始めた企画である。

隔月で発行される同サイトには、すでに七〇〇名以上の作家や詩人、音楽家、画家たちが無償で作品を提供しており、すべての創作は、反戦とロシアの現体制へのプロテストがテーマとなっている。当初は国籍に関わらずロシア語での作品に限られていたが、途中か

「ROAR」のウェブサイト

リノール・ゴラーリク

らウクライナ人の詩人によるウクライナ語での参加が始まり、ゴラーリクは「ROAR」をResistance and Opposition Arts Review に変更し、「ロシア」という語を廃している。ロシア語と英語版に加え、フランス語、スペイン語、イタリア語、ポーランド語、そして日本語のダイジェスト版もあり、すべてボランティアの翻訳者・編集者たちによって出版されており、世界中に支援と連帯の輪が広がっている。「編集人の言葉」でゴラーリクはこう語る。

> 私たちはすでに『ROAR』を永久に終えることのできる時が待ち切れない、つまり、ロシアの犯罪的な体制がその存在をやめ、ロシア語文化の一部をそれに反対する立場にあるものだと強調する必要のない時がくる時が。でもまだそれは起きてはいません。私たちは

『ROAR』を出し続けるためにできることはすべてやっていくつもりです。

ロシアの現体制が終わるまで継続するというこの「サミズダート」活動は、一九七〇年代の非合法出版のときのタイピストたちのように、密かにパソコンに向かう者たちによって行われている。公的な手続きを経ずに、みずからの手で出版物を製作し読者へ手渡していくサミズダートの精神は、二一世紀の今、オンライン出版へと形を変えて、より大きな世界へと活動の領域を拡張していったのである。

編集人であるリノール・ゴラーリクは、ロシアの「外国の代理人」リストに入り（ゴラーリクはロシア国籍をもっていないにもかかわらず）、また、ロシア当局は『ROAR』の削除をサイトを運営するNORTIONに持ちかけたが、NORTION側がこれを拒否するという場面もあった。

その他にも、出版社のKriKが自社のホームページ上に開設した「NO WAR――戦争に反対の詩人たち」プロジェクトにも約一五〇人の詩人が参加しているし、ドイツ在住のロシア語詩人アーニャ・ハイトリナ（一九八七―）のように、自身のFacebookにウクライナに寄せる詩を毎日一篇《ぺん》ずつ書き続けている詩人もいる。抵抗の詩の時代が再び訪れてしまった感がある。

戦争の足音が聞こえたのか、ウクライナへの軍事侵攻直前の二〇二二年二月一八日、ウクライナの詩人リュドミーラ・ヘルソンスカヤ（一九六四―）が、Facebookに叫びのような詩を投稿した。「何も起きていないふりをするな」と題されたその詩は、〈戦争が近づいてきている　黙るな　叫べ／悪党ども　叫べ　畜生ども　叫べ　死刑執行人ども／何も起きていないふりをするな／皆を不安にさせることを恐れるな／揺さぶれ　起こせ――戦時に起こすことは罪ではない／国じゅうに向かって叫べ　他の国々に向かって叫べ／窓を広めに開けろ　戦争を飲みこむな　黙るな〉と極めて強い口調で呼びかけた。〈黙ってはいけない　戦争について黙っていてはいけない〉というヘルソンスカヤの声は、ロシアの反体制運動の面々にも届いている。だから彼／彼女たちは決して黙らないのである。

あとがき

ロシアは今、再び検閲が幅を利かせている。ＬＧＢＴプロパガンダ禁止法や戦争をめぐる「フェイク」情報の発信を禁止する法のせいで、ロシア国内では出版できない本が増えただけでなく、既存の出版物も書店や図書館の棚から排除されている。そこには、かつては人気作家だったリュドミーラ・ウリツカヤやボリス・アクーニン、ウラジーミル・ソローキンなども含まれている。それればかりか、ドストエフスキイの「ネートチカ・ネズヴァーノワ」でさえ、レズビアン的な関係を想起させるせいか、好ましくない作品リスト入りしてしまった。

一方で、新しい出版社も登場している。例えば、二〇二三年四月に創設された「フリーダム・レターズ」は、ロシア国内で発禁となっている書籍を中心に出版するという目的で作られた。社主のゲオルギイ・ウルシャーゼ（一九七二―）は、ロシアの文学界で活躍していたジャーナリストで、国文学支援センターの所長や、ボリシャヤ・クニーガ賞をはじめとした各種文学賞の審査員長なども務めていたが、二〇二二年二月にウクライナでの軍事攻撃が始まると戦争反対を表明、これらの役職を辞任し、検閲のない出版社をみずから設立したのである。フリーダム・レターズから出た本は、すべて電子版での購入が可能で、ロシア国内の書店や図書館を経由せずに、どこにいても入手できるようになっている。

二〇二三年にここから出版された『ファシストは絵の具が足りない』という本がある。作者は著名な作家のようだが匿名での出版となっている（ロシア在住の作家たちは、身の安全のために匿名やこれまでと異なるペンネームで執筆することも増えてきた）。この本には、ロシアで戦争に反対する人たちが行ってきた数百種類にわたる活動や抵抗の意思表示の手法が記述されている。

書名のロシア語は、ビルの壁一面に描かれた反戦画を塗りつぶす際に、ペンキが足りなくなって中断した実際の出来事に由来している。また、このタイトルは、「ファシストたちには色彩がわずかしかない」とも訳せるが、この本に記録された実に多彩なプロテストの方法に対し、弾圧する権力者側のやり口は常に一様であることを示唆しているようにも読める。それでも作者は、ウクライナの国旗を思わせるブルーや黄色の服を着ているだけで逮捕し始めたロシア当局の態度を「魔女狩り」に喩え、その不条理の滑稽さを暴くとともに、歴史を記録しようとしている。

日本にいる私がこの新書を執筆することになったのも、二〇二二年のウクライナでの戦争開始以降に始まった、ロシアでの反戦運動の活発さと多様さへの純粋な驚きが契機となっている。私はそれまで、自分の好きな作家や詩人たち、フェミニストグループのＳＮＳをフォローして毎日楽しく読んでいたが、ロシアによる軍事侵攻開始の報とともに、どのアカウントも一気に反戦と政権批判の言葉へと色を変えてしまった。とりわけ、それまで地道に活動していたフェミニストたちが、組織も個々人も即座に立ち上がり連帯していく様子は、不謹慎ながらも羨ましいほどだった。そして、開戦の翌朝にマニフェストを出し、政治的な闘いへの移行を宣言したＦＡＲのインパクトはもっとも強かった。

それに続き、アクションへの呼びかけが始まり、ロシア政府に宛てた抗議のオープンレターがさまざまな組織やグループから次々に公開されていった。本書で紹介できる活動家たちは、残念ながらその小さな一部にすぎない。

スーパーの値札に反戦メッセージを貼って逮捕されたサーシャ・スコチレンコは、七年の刑を言い渡され服役した。拘置所や刑務所では持病の治療薬を使用することができず、体調の悪化が懸念された彼女の釈放を求める活動は、新たなプロテストの理由となった。SNSには、「サーシャ・スコチレンコに自由を！」というアカウントが登場し、ナヴァリヌイが亡くなって以降は、もっとも注目される政治囚となった。スコチレンコの活動が刑事事件とされ、理不尽に重い罰となった背景には、彼女がレズビアンであり、LGBTQ活動家であったことも影響しているにちがいない。

あるいは、「ペテルブルクの良心」と呼ばれる（本人は嫌がっているそうだが）画家のエレーナ・オーシポワ（一九四五―）のように、自作の絵やポスターを手に二〇年間も一人で街頭に立ち、デモにも参加し続ける女性がいる。反戦・反核を主張するオーシポワは、高齢にもかかわらず、ウクライナの戦争以降も連日活動を続け、その都度、警官に連行されていったが、釈放されるとすぐにまた通りへ立つ姿がSNSなどで見られた。古い共同アパートに暮らす年金生活者の彼女は、罰金を支払えない代わりに年金の受給を辞退しているという。彼女の描く政治的な絵画やポスターは、購入希望者が多いにもかかわらず、販売していないため、現在の経済状況はかなり厳しいと思われる。それでも信念を曲げることなく生きる彼女の姿は、そもそも、独ソ戦以降、ロシア国内でもっとも反戦思想の強い都市ペテルブルクのシンボルともなっている。まるで現代の「ユロージヴイ（聖愚者）」のようだと感じているのはおそらく私だけではないと思う。

こうした活動の歴史的評価は時を待つ他ないが、同時代を生きる者として、未来の評価を恐れずに書き残しておくことが自分の使命だと感じている。一方で、ソ連時代や一九世紀の女性たちについては、まだまだ発掘される大きな可能性があるはずである。本書を執筆しながら気づいたのは、もしかしたら一九世紀よりも二〇世紀後半の女性たちの活動のほうが歴史記述から漏れているのではないかということだ（あくまでも仮説にすぎない）。

帝政時代に女性が規範を逸脱する行動をとれば非常に目立つ。彼女たちは、ある者は「テロリスト」として、またある者は「教育の改革者」として歴史に名を残している。「テロリスト」たちは皇帝や役人の暗殺を試みたため、歴史が無視することのできない事件となっている。

かたやソ連時代は、例えば、教育の改革といった功績は実践者から奪われて国家のものとなっていたのではないか。ソ連は素晴らしい国で、「良いこと」をするのは当然であり、「幸福な子ども時代」「素晴らしい人生」「明るい未来」が万人に約束されているという建前がある。だから、「反ソ的」活動などあり得ないというロジックによって、否定されてきた。その状況下で、ソ連の反体制運動は、できる限り法に抵触しないように実践されてきたのである。したがって、あからさまなテロなどは避けられていたようだが、スターリンの暗殺を試みた者もいたはずだとも思う。現在のプーチンもそうだろうが、そうした「事件」はニュースにもならず隠蔽されているのではないかと思ってしまうのである。

そしてもうひとつ重要なことは、ソ連後期に活発化した反体制運動にも、実は女性の名が不自然なほどに少ない。サハロフやソルジェニーツィンといったビッグネームの向こうに、女性の姿がなかなか見えてこないのである。私の勉強不足も多分にあるのだが、入手できる本や資料にいくら目を通しても数人の名が出てくるだけで、もどかしさを感じるばかりだ。

一九五〇年代以降のソ連では、男性人口が女性人口の半数近くにまで落ち込んでおり、社会を支えていた女性たちの力はかなり大きい。社会制度の機能不全に対する不満は、女性たちの中でも徐々に高まっていき、七〇年代になると公式の女性雑誌でもその声が聞かれるようになる。しかし、当時のソ連政府は、有効な政策を打ち出せていない。第五章で取り上げたアレクシエーヴィチは、自分は「感情の歴史」を記録していると語っているが、独ソ戦であれほどに活躍した女性たちについての記述が、「感情の歴史」という新たな枠を設けてようやく登場することこそが問題なのである。

社会思想研究者のマリア・ラフマニノワは、ロシア史、とりわけ軍事史においては、研究者らも家父長的な目をもつせいで「女性が見えない」のだと辛辣に批判している。女性の不可視化は、家父長的な文化の特性であり、歴史家たちがそれぞれに自分の時代の男性優位主義的まなざしを内在化したステレオタイプを無批判に再生産してきたのだ、と。そのため、闘った女性たちの貢献を調査する必要性すら問うてこなかったのだとも彼女は言う。

アレクシエーヴィチが『戦争は女の顔をしていない』を書き上げるまでに、戦争が終わってから四〇年を要したのも、ソ連の検閲だけが理由ではなく、実は家父長的であったソ連社会が女性の発言を抑圧していたせいもある。さらに、ソ連が実現した「男女平等」は、女性に男性と同等の労働者になることを求めた結果、社会に「女性」が存在しないかのような錯覚を生んだのではないかとも思えるのである。

私が本書で女性たちの活動に特化した理由もここにある。いないものとされたままの女性たちとその生を可視化すること、歴史の中に彼女たちを存在させることから始めなければならない。とはいえ、ここで紹介したのは、ロシア史を知る人ならばよく聞く名が半数以上だろう。けれども、昨今の日本では、ナロードニキやソ連時代の反体制派について書かれた本もほとんどが絶版になって久しく、若い世代の読者にとっては知らない人ばかりだと感じられるかもしれない。それならば、本書が新たな世界の扉を開くのもいいと思った。

ロシア史を繙けば、常に権力と向き合い、文字通り命がけで闘ってきた人たちがいる。そして、どの時代のロシアの文化も芸術も政治を無視して考えることはできない。プッシー・ライオットのトロコンニコワは、一四歳で詩人のマヤコフスキイを好きになるとすぐに政治への扉が開かれたと書いているし、ソ連時代の地下フェミニズム運動を率いたユリア・ヴォズネセンスカヤは、一八歳で詩人になる際に、公式の詩人となるか、非公式で自由に創作する詩人となるかを選ばなければならなかった（そして自由を選んだ）と語っている。芸術家となる、芸術家であるには、政治的立ち位置を決める必要があり、読者もまた、作品に触れながら否が応でもその政治性に関わらざるを得ない。そしてそれは決して否定的なことではない。

そうした自国の歴史を引き受けつつ、それでもいつかロシアに真の自由な時代が訪れることを諦めずにいる――その理想を決して手放すことのない姿勢は、一九世紀から連綿と受け継がれてきたものだ。現在活動を展開している若い女性たちが、闘いの方法を模索する中で、過去の活動家たちの書いたものを読み、仲間たちとシェアし合う様子をネット上で目撃した私は、日本という他国に生きる同時代人として、この事実を少しでも日本の読者に、そして未来に伝えたいと思った。そして何よりも、今現在、プーチン体制と闘っている人たちの目指す社会が一日も早く実現し、国外に出た活動家たちがロシアに自由に帰国できることを日々願っている。

本書は、集英社新書の編集者である藁谷浩一さんから声をかけていただき実現したものである。藁谷さんは、私がこれまでに執筆したものに目を通してくださっただけでなく、講座なども聴いた上でこのテーマを提案してくださった。私にとっては理想的なテーマで、あっという間に企画書を書き上げたことを覚えている。執筆中は、歴史を繙く中で、未知のこと、興味深く離れがたいグループや女性たちが多々見出されて、詳しく調べているうちに時間が過ぎていくということを繰り返すことになった。

「ロシア」と題してはいるものの、本書では、ロシア帝国、ソ連、そして現在のロシア連邦になってからのすべての時代を視野に入れている。周知のように、「ロシア」は時代によって国境線が著しく異なる。したがって、本来ならば、地理的にはより広い視野が必要となるが、本書で取り上げた「ロシア」は、首都であったサンクトペテルブルクや、帝政時代と現在の首都でモスクワでの闘いが中心となるため、すべての地域を網羅することはできなかった。ソ連時代の中央アジアやウクライナ、バルト三国、カフカース諸国などには、またそれぞれの運動があるが、ここで触れることはできなかったし、一緒にすべきでもないと考えた。今後の大きな課題として忘れずにいたい。

本書を読んだ方々が、生活を、社会を、国を、歴史を変えようとする女性たちから力を受け取ってくださったなら、気になる誰かを見つけてくださったなら、嬉《うれ》しく思う。

二〇二五年二月

高柳聡子

註

【プロローグ】

＊1　エリツィン元大統領の代行だったウラジーミル・プーチンは、二〇〇〇年に大統領に当選し、二〇〇八年まで二期を務めた。当時のロシアでは、大統領の任期は連続二期までとされていたため、二〇〇八年から二〇一二年まではドミトリイ・メドヴェージェフが就任、この間プーチンは首相となった。二〇一二年に再び大統領になると、大統領の任期を四年から六年に延長した。二〇二〇年には国民投票を行って憲法を改正し、これまでの任期をリセットしたため、選挙に当選すれば、二〇三六年までの就任が可能となっている。

＊2　リベラル系野党「人民自由党」のメンバーで、大統領選への意欲を見せていたボリス・ネムツォフは、二〇一五年にモスクワ市内の橋の上で銃撃を受け死亡した。また、二〇二四年二月には反汚職基金の代表だったアレクセイ・ナヴァリヌイが服役中だった北極圏の刑務所で亡くなっている。

＊3　ナヴァリヌイは、二〇二〇年八月にシベリアの都市トムスクから搭乗した飛行機の中で意識を失い、緊急着陸した飛行機から救急病院に搬送された。その後、治療のためにベルリンのシャリテー病院へ移送、血液検査の結果、神経剤ノヴィチョクが使用されたことが判明している。回復後、ロシア当局から出頭命令が出ていたにもかかわらずナヴァリヌイは帰国、モスクワのシェレメチェヴォ空港に到着すると同時に身柄を拘束された。刑務所内でハンガーストライキを行ったり、市民に抗議デモを呼びかけたりしていたが、獄中で死去した。

＊4　ソ連時代の物理学者。水素爆弾の開発を行い「ソ連水爆の父」といわれたが、一九五八年以降は反核運動へと転じる。反体制派の知識人として、人権擁護運動にも力を注ぎ、一九七五年にはノーベル平和賞を受賞している。

＊5　ソ連・ロシアの作家。一九六二年に自身の体験をもとに『イワン・デニーソヴィチの一日』を発表。シベリアのラーゲリの生活をつぶさに描き、世界的な話題を呼ぶ。ソ連作家同盟に検閲の廃止を訴えながら、反体制的な作品の執筆を続けた。一九七〇年にノーベル文学賞を受賞したが、一九七四年にはソ連の市民権を剝奪され、アメリカに亡命。ゴルバチョフ政権時代に名誉回復され、ソ連崩壊後の一九九四年にロシアに帰国した。

【第一章】

＊1　帝政ロシアでは一八世紀末に、フランス革命の影響を受けて女性の社会的な意識の芽生えが見られ、それをロシアのフェミニズム前史ということもできる。皇帝となったエカテリーナ二世（一七二九―一七九六）や、その友人でロシア科学アカデミーの総裁となったエカテリーナ・ダーシュコワ（一七四三―一八一〇）はその最たる例だし、女性で初めて自分の著書を出版したエカテリーナ・クニャジニナ（一七四六―一七九七）をはじめ、自伝や回想などを執筆する女性たちの登場もそれを物語っている。

＊2　帝政ロシア時代の哲学者、経済学者、文芸評論家で革命的民主主義者。

＊3　ロシアにおけるニヒリズム（虚無主義）は、ツルゲーネフの長編『父と子』の主人公バザーロフに代表されるように、あらゆる事象の根底に虚無的なるものを見出し、真の存在や、物事の認識を否定す

る姿勢をとった。

＊4　一九世紀ロシアのアナーキズムの思想家。ドイツやフランスなどヨーロッパを中心に活動した。マルクスとも知己を得るが、その思想を否定。国家という形態を徹底的に否定し、個人の完全なる自由の実現を主張した。

＊5　ロシアの革命家。ロシア社会民主労働党を経て、メンシェヴィキの指導者となる。

＊6　ロシアにおける「マルクス主義の父」といわれる革命家。ロシア初のマルクス主義組織「労働解放団」を組織。その後、ロシア社会民主労働党に加わり、レーニンらとともに活動したが、一九〇三年にはボリシェヴィキと対立した。

＊7　社会主義者で、「ロシア社会主義の賢人」と謳われたマルクス主義の理論家。レーニンには与せず、メンシェヴィキの活動を支えた。

＊8　第二次「土地と自由」は一八七八年にペテルブルクで結成された秘密革命組織。農民の土地と自由を求める要求を重視する理念で、伝統的な農村共同体を基盤に、資本主義を経ずに社会主義へと移行する道を目指したが、一八七九年に一部のメンバーがテロを容認する方針に切り替えて「人民の意志」派として分裂した。分裂後の一八七九年にプレハーノフやザスーリチらが結成したのが「黒い割替」派で、「土地と自由」の思想を継承しながらテロ行為を否定し、農民への土地の再分配と経済的土地革命を理念としていた。

＊9　スイスで結成されたロシア人たちによる初のマルクス主義団体。

＊10　ボリシェヴィキとメンシェヴィキは、もともとロシア社会民主労働党のメンバーたちだった。ロシ

ア語で「多数派」を意味するボリシェヴィキはロシア社会民主労働党分裂後にレーニンが率いた左派組織。一九一七年の二月革命後は社会主義革命とプロレタリア独裁を主張した。一方、「少数派」を意味するメンシェヴィキは、もともとロシア社会民主労働党内の少数派グループだった。穏健な革命を目指し、ブルジョワ階級も排除せず、民主主義革命を実践することを主張した。

＊11　ロシア、ソ連の作家で文学者、医師でもあった。小説だけでなく、作家の伝記や二〇世紀初頭の回想も執筆した。

＊12　ドイツ系のロシア人でロマン派の詩人、一八二五年に帝政ロシアで民主化を求めて青年将校らが起こしたデカブリストの乱に加わった。

＊13　一九世紀ロシアの歴史家。ペテルブルク大学歴史学科長を務めた。

＊14　革命家、政治思想家で、地理学や生物学の学者でもあった。国家を廃し、小さな組織の連合による平等な未来社会を目指す無政府主義者。

＊15　革命家。チャイコフスキイ団解散後はアメリカへ亡命。一九〇五年に帰国し、社会革命党に加わる。一九一七年以降は、ボリシェヴィキに反対の立場をとり、その後イギリスに亡命した。

＊16　「クルシストカ kursistka」という語は、もともと各種の専門学校などに通う生徒を指したが、この時期は高等教育機関の女子学生という意味で用いられている。

＊17　*Иван Джабадари* Процесс пятидесяти // Былое. — 1907. - Вып. 8-10.

【第二章】

＊1　https://www.bbc.com/russian/in-depth-41362783（二〇二五年一月二五日最終閲覧）

＊2　当時のロシアはユリウス暦を使用していた。二月二三日は現在のグレゴリウス暦では三月八日にあたる。

＊3　*Мария Спиридонова, Александра. Спиридонова* Письма // *Владимир Лавров, Мария Спиридонова*: террористка и жертва террора. Повествование в документах. М., Прогресс-Академия, 1996.

＊4　「平和に関する布告」は一九一七年一一月にレーニンが提案。第一次世界大戦の交戦国に対し、敗戦国から賠償金を取らない無賠償と、敗戦国の領土や国民を併合しない無併合を求めるもの。同時に提案された「土地に関する布告」は、国内の地主に対し、私有地を無賠償で没収するというもの。

＊5　アレクサンドラ・コロンタイ『赤い恋』（松尾四郎訳、世界社、一九二七）。

＊6　ロシア＝トルコ戦争。一八七七―七八年に起こったロシア帝国とオスマン帝国の戦争。南下政策を再開したアレクサンドル二世による戦争で、ロシアはオスマン帝国に勝利し領土を拡張した。

＊7　一九〇五年の第一次ロシア革命のときにモスクワで雑誌として創刊された。革命以後はソ連共産党機関紙となり、現在も発刊中。ロシア語で「真実」の意。

＊8　*Александра Коллонтай* Кому нужна война?, Берн, ЦК РСДР, 1916. より拙訳（邦訳は他にも杉山秀子著『コロンタイ　革命を駆けぬける』論創社、二〇一八）。

＊9　*Ариадна Тыркова-Вильямс* На путях к свободе, М., Московская школа политических исследований, 2007.

＊10　アレクサンドル・ソルジェニーツィン『収容所群島3』（木村浩訳、新潮社、一九七六）四三八―

四三九頁。

【第三章】

＊1　ソ連・ロシアの人権活動家。ソ連時代に弾圧された作家ユーリイ・ダニエルと活動家のラリーサ・ボゴラスの息子で、自身の家族の経験も踏まえたソ連時代の反体制運動の歴史に関する執筆を行っている。

＊2　邦訳は『明るい夜　暗い昼』（中田甫訳、平凡社、一九七四）。

【第四章】

＊1　https://www.bbc.com/russian/news-50203904（二〇二五年一月二五日最終閲覧）

＊2　ソ連の作家。代表作は『静かなドン』など。一九六五年にノーベル文学賞を受賞。

＊3　一九六八年四月に始まったチェコスロヴァキアの民主化運動。ドプチェクは「人間の顔をした社会主義」を提唱し民主化への改革に着手、自由の空気に湧いたこの時期を「プラハの春」と呼ぶ。しかし夏になるとソ連のブレジネフ政権が軍事弾圧を開始し、首都プラハを制圧した（チェコ事件）。

＊4　邦題は『サハロフ博士と共に　ボンネル夫人回想録』（読売新聞外報部訳、読売新聞社、一九八六）。

＊5　*Валерий Чалидзе* Победитель коммунизма Мысли о Сталине, социализме и России, New York, CHALIDZE-PUBLICATIONS, 1981.

＊6　*Зоя Крахмальникова* Русская идея матери Марии, М., Стефанус, 1997.

【第五章】

＊1　ロシアにおけるＤＶの問題については、高柳聡子「もうひとつのパンデミック」（『エトセトラ』vol.6 所収、エトセトラブックス、二〇二一）に詳しい。

＊2　ナージャ・トロコンニコワ『読書と暴動　プッシー・ライオットのアクティビズム入門』（野中モモ訳、ソウ・スウィート・パブリッシング、二〇二四）。

＊3　ソ連政府はここに会議場などを収容する世界最大のビルを建設する計画だったが、第二次世界大戦中に工事が中断され、資材が戦争のために供与されるなどして完成しないままとなった。

＊4　トロコンニコワ『読書と暴動』二三九頁、強調は原著者。

＊5　邦題は『２０２２年のモスクワで、反戦を訴える』（武隈喜一、片岡静訳、講談社、二〇二四）。

＊6　オフシャンニコワ『２０２２年のモスクワで、反戦を訴える』二六七―二六八頁。

＊7　アンナ・ポリトコフスカヤ『チェチェン　やめられない戦争』（三浦みどり訳、日本放送出版協会、二〇〇四）。

＊8　ヴェーラ・ポリトコフスカヤ、サーラ・ジュディチェ『母、アンナ　ロシアの真実を暴いたジャーナリストの情熱と人生』（関口英子、森敦子訳、ＮＨＫ出版、二〇二三）。

＊9　邦題は『プーチニズム　報道されないロシアの現実』（鍛原多惠子訳、日本放送出版協会、二〇〇五）。

＊10　ロシアの作家。ソ連時代を舞台にした不幸で暗い女性の人生を描いた短編小説で人気となる。その

後は多様なジャンルを手掛けている。
＊11　第三章註2参照。
＊12　*Елена Костюченко Моя любимая страна*, Медуза, 2023.（英語版は *I Love Russia: repoting from a lost country*, The Bodley Head Ltd, 2023、邦訳は『ロシア　私の愛する国』高柳聡子訳、エトセトラブックスより近刊予定）

参考文献一覧

※ここに挙げた文献はほんの一部であり、この他にも参考となる資料は膨大にある。

【第一章】

Отчет Общества доставления дешевых квартир и других пособий нуждающимся жителям С.-Петербурга, СПб., 1867-1912.

ニコライ・チェルヌイシェフスキイ『何をなすべきか』上下巻、金子幸彦訳、岩波文庫、一九七八、八〇年

Вера Засулич Воспоминания, М., Политкаторжан, 1931.

金子幸彦、細谷新治、石川郁男、今井義夫編『チェルヌィシェフスキイの生涯と思想　ロシア解放思想の先駆者』社会思想社、一九八一年

ヴェーラ・フィグネル「ロシアの夜」（『世界ノンフィクション全集』第二一巻所収）金子幸彦、和田春樹訳、筑摩書房、一九六一年

ヴェーラ・フィグネル『遙かなる革命　ロシア・ナロードニキの回想』田坂昂訳、批評社、一九八〇年

Е. Петров, Т. Криницына, В. Коньков «Цюрихское дело» русских студенток 1873-1874 гг. И его последствия для развития высшего женского образования в России. // Россия в эпоху политических и культурных трансформаций, Выпуск. II : Материалы всероссийской научной конференции «Печать и цензура в истории

России», Брянск, Курсив, 2016.

Вера Фигнер Запечатленный труд М., Мысль, 1964.

旭季彦『ナロードニキ　運動とその文学』新読書社、一九九一年

アナトーリイ・ガラクチノフ、ピョートル・ニカンドロフ『ロシア・ナロードニキのイデオローグ』小西善次訳、現代思潮社、一九六九年

ピョートル・クロポトキン『ある革命家の思い出』上下巻、高杉一郎訳、平凡社ライブラリー、二〇一一年

Ред. Феликс Яковлевич и др. Деятели революционного движения в России : Био-библиографический словарь : От предшественников декабристов до падения царизма в 5 т., М., Изд-во Всесоюзного общества политических каторжан и ссыльно-поселенцев, 1927-1934.

【第二章】

スタインベルグ『左翼エス・エル戦闘史　マリア・スピリドーノワ　１９０５―１９３５』蒼野和人、久坂翠訳、鹿砦社、一九七〇年

Мария Спиридонова, Александра. Спиридонова Письма // *Владимир. Лавров, Мария Спиридонова*: террористка и жертва террора. Повествование в документах. М., Прогресс-Академия, 1996.

Екатерина Брешко-Брешковская Из моих воспоминаний, СПб., 1906.

Екатерина Брешко-Брешковская Бабушка Е. К. Брешко-Брешковская о самой себе, Пр., 1917.

Екатерина Брешко-Брешковская Скрытые корни русской революции. Отречение великой революционерки 1873-1920, М., ЗАО Центрполиграф, 2006.
リュボーフィ・ジァーク他『ロシア革命の婦人たち』佐藤節子編訳、啓隆閣、一九七〇年
芦田均『革命前夜のロシア』文藝春秋新社、一九五〇年
ア・エム・イトキナ『革命家・雄弁家・外交官　ロシア革命に生きたコロンタイ』中山一郎訳、大月書店、一九七一年
ナジェージダ・クループスカヤ他『ロシア革命の教育思想』（世界新教育運動選書7）、海老原遥訳、明治図書出版、一九八四年
Ариадна Тыркова-Вильямс На путях к свободе, М., Московская школа политических исследований, 2007.
斎藤治子『令嬢たちのロシア革命』岩波書店、二〇一一年

【第二章】

アレクサンドル・ソルジェニーツィン『収容所群島1—6』木村浩訳、新潮社、一九七四〜七七年
Александр Даниэль Истоки и корни диссидентской активности в СССР // Неприкосновенный запас, №1, 2002.
Лидия Чуковская Записки об Анне Ахматовой 1938-1941 в трех томах, М., Согласие, 1997.
エヴゲーニヤ・ギンズブルグ『明るい夜　暗い昼』中田甫訳、平凡社、一九七四年他
オリガ・ベルゴリツ『昼の星』（世界革命文学選12）、角圭子訳、新日本出版社、一九六三年
Надежда Мандельштам Воспоминания, М., Книга, 1989.

Израиль Мазус Подпольные молодежные организации, группы и кружки (1926-1953гг.) Справочник, Возвращение, 2014.
Robert Horvath *The Legacy of Soviet Dissent: Dissidents, Democratisation and Radical Nationalism in Russia*, Routledge, 2005.

【第四章】

Фрида Вигдорова Право записывать, М., АСТ, 2017.
ヨシフ・ブロツキイ『私人　ノーベル賞受賞講演』沼野充義訳、群像社、一九九六年
Открытое письмо писательницы Лидии Чуковской М. Шолохову / Русская мысль №2549, 29 ноября 1966.
マックス・ヘイワード『自由は裁かれるか　ソビエト文学者の反逆』小谷秀二郎訳、荒地出版社、一九六七年
Лидия Чуковская Открытое слово, Нью-Йорк, Хроника, 1976.
アンドレイ・サハロフ『進歩・平和共存および知的自由』上甲太郎、大塚寿一訳、みすず書房、一九六九年
エレーナ・ボンネル『サハロフ博士と共に　ボンネル夫人回想録』読売新聞外報部訳、読売新聞社、一九八六年
アンドレイ・サハロフ『サハロフは発言する』原卓也訳、新潮社、一九七五年
アムネスティ・インターナショナル編著『ソ連における良心の囚人　アムネスティ・インターナショナル

報告書』木村明生、長井康平訳、朝日新聞社、一九七七年
Валерий Чалидзе Победитель коммунизма Мысли о Сталине, социолизме и России, New York, CHALIDZE-PUBLICATIONS, 1981.
ロイ・メドヴェージェフ『ソ連における少数意見』佐藤紘毅訳、岩波新書、一九七八年
鈴木肇『ソ連反体制知識人』教育社、一九七八年
ビクター・シュパラー『ソ連の反体制派たち　私が見た人権闘争』藤田幸久訳、サイマル出版会、一九八一年
吉川元「ソ連反体制運動の展開　ソ連人権問題の国際化」(『広島修道大学研究叢書』第一八号)、広島修道大学総合研究所、一九八三年
秋山洋子『女たちのモスクワ』勁草書房、一九八三年
岩上安身、古田光秋、片岡みい子、正垣親一『ソ連と呼ばれた国に生きて』宝島社、一九九二年
イリーナ・ラトゥシンスカヤ『強制収容所へようこそ』矢田雅子、片岡みい子訳、晶文社、一九九一年
Лариса Богораз Сны памяти, Харьков, Права людини, 2009.
Людмила Алексеева История инакомыслия в СССР: новейший период, М., Московская Хельсинская группа, 2012.
Людмила Алексеева Поколение оттепели, М., Захаров, 2006.
タチヤーナ・マモーノヴァ、ユリヤ・ヴォズネセンスカヤ編著、片岡みい子編訳『女性とロシア　ソ連の女性解放運動』亜紀書房、一九八二年

高柳聡子『ロシアの女性誌　時代を映す女たち』群像社、二〇一八年
アーチ・ゲッティ、オレグ・ナウーモフ編『ソ連極秘資料集　大粛清への道　スターリンとボリシェヴィキの自壊　１９３２―１９３９年』川上洸、萩原直訳、大月書店、二〇〇一年
Светлана Золотарева Феминистский самиздат 40 лет спустя, М., Common place, 2020.
Зоя Крахмальникова Русская идея матери Марии, М., Стефанус, 1997.

【第五章】

マリヤ・アリョーヒナ『プッシー・ライオットの革命　自由のための闘い』上田洋子監修、aggiiiiiii訳、DU BOOKS、二〇一八年
ナージャ・トロコンニコワ『読書と暴動　プッシー・ライオットのアクティビズム入門』野中モモ訳、ソウ・スウィート・パブリッシング、二〇二四年
マリーナ・オフシャンニコワ『２０２２年のモスクワで、反戦を訴える』武隈喜一、片岡静訳、講談社、二〇二四年
アンナ・ポリトコフスカヤ『チェチェン　やめられない戦争』三浦みどり訳、日本放送出版協会、二〇〇四年
ヴェーラ・ポリトコフスカヤ、サーラ・ジュディチェ『母、アンナ　ロシアの真実を暴いたジャーナリストの情熱と人生』関口英子、森敦子訳、ＮＨＫ出版、二〇二三年
アンナ・ポリトコフスカヤ『プーチニズム　報道されないロシアの現実』鍛原多惠子訳、日本放送出版協

会、二〇〇五年
アンナ・ポリトコフスカヤ『ロシアン・ダイアリー　暗殺された女性記者の取材手帳』鍛原多恵子訳、日本放送出版協会、二〇〇七年
福田ますみ『暗殺国家ロシア　消されたジャーナリストを追う』新潮社、二〇一〇年
イゴルト『ロシア・ノート　アンナ・ポリトコフスカヤを追って』栗原俊秀訳、花伝社、二〇二三年
Елена Костюченко Моя любимая страна, Медуза, 2023.（英語版は *I Love Russia: repoting from a lost country*, The Bodley Head Ltd, 2023、邦訳は『ロシア　私の愛する国』高柳聡子訳、エトセトラブックスより近刊予定）
**** ****** у фашистов мало краски, Freedom Letters, 2023（著者名は伏字）
ダリア・セレンコ『女の子たちと公的機関　ロシアのフェミニストが目覚めるとき』高柳聡子訳、エトセトラブックス、二〇二三年
マーシャ・ゲッセン『ロシア　奪われた未来　ソ連崩壊後の四半世紀を生きる』三浦元博、飯島一孝訳、白水社、二〇二三年
藤崎蒼平、セルゲイ・ペトロフ『ロシア反体制派の人々』未知谷、二〇二四年

写真レイアウト／MOTHER

高柳聡子（たかやなぎ さとこ）

福岡県出身。早稲田大学大学院文学研究科博士後期課程修了。文学博士。現在は早稲田大学、東京外国語大学などで非常勤講師を務める。専門は現代ロシア文学、フェミニズム史。ロシア・ソ連で歴史に埋もれた人たち、特に女性たちの声を拾い集め、記録することに努めている。著書に、『ロシアの女性誌』『埃だらけのすももを売ればよい』、訳書にダリア・セレンコ『女の子たちと公的機関』などがある。

ロシア 女《おんな》たちの反体制運動《はんたいせいうんどう》

集英社新書一二五九D

二〇二五年四月二二日 第一刷発行

著者……高柳聡子《たかやなぎさとこ》

発行者……樋口尚也

発行所……株式会社集英社

東京都千代田区一ツ橋二-五-一〇 郵便番号一〇一-八〇五〇

電話 〇三-三二三〇-六三九一（編集部）

〇三-三二三〇-六〇八〇（読者係）

〇三-三二三〇-六三九三（販売部）書店専用

装幀……原 研哉

印刷所……TOPPANクロレ株式会社

製本所……加藤製本株式会社

定価はカバーに表示してあります。

ISBN 978-4-08-721359-1 C0222

Printed in Japan

集英社新書　好評既刊

歴史・地理——D

- 日本人の魂の原郷　沖縄久高島　比嘉康雄
- 沖縄の旅・アブチラガマと轟《とどろき》の壕　石原昌家
- アメリカのユダヤ人迫害史　佐藤唯行
- ヒロシマ——壁に残された伝言　井上恭介
- 英仏百年戦争　佐藤賢一
- 死刑執行人サンソン　安達正勝
- 僕の叔父さん　網野善彦　中沢新一
- 反米大陸　伊藤千尋
- 陸海軍戦史に学ぶ　負ける組織と日本人　藤井非三四
- 在日一世の記憶　小熊英二／姜尚中 編
- 江戸・東京　下町の歳時記　荒井修
- 日本人の坐り方　矢田部英正
- 江戸っ子の意地　安藤優一郎
- 人と森の物語　池内紀
- ローマ人に学ぶ　本村凌二
- 北朝鮮で考えたこと　テッサ・モーリス-スズキ
- 司馬遼太郎が描かなかった幕末　一坂太郎
- 縄文人からの伝言　岡村道雄
- 14歳〈フォーティーン〉満州開拓村からの帰還　澤地久枝
- 日本とドイツ　ふたつの「戦後」　熊谷徹
- 江戸の経済事件簿　地獄の沙汰も金次第　赤坂治績
- 「火附盗賊改」の正体——幕府と盗賊の三百年戦争　丹野顯
- 在日二世の記憶　小熊英二／髙賛侑／高秀美 編
- シリーズ〈本と日本史〉①『日本書紀』の呪縛　吉田一彦
- シリーズ〈本と日本史〉③ 中世の声と文字　親鸞の手紙と『平家物語』　大隅和雄
- シリーズ〈本と日本史〉④ 宣教師と『太平記』　神田千里
- 「天皇機関説」事件　山崎雅弘
- 列島縦断「幻の名城」を訪ねて　山名美和子
- 大予言「歴史の尺度」が示す未来　吉見俊哉
- 十五歳の戦争　陸軍幼年学校「最後の生徒」　西村京太郎
- 物語 ウェールズ抗戦史　ケルトの民とアーサー王伝説　桜井俊彰
- シリーズ〈本と日本史〉② 遣唐使と外交神話『吉備大臣入唐絵巻』を読む　小峯和明
- テンプル騎士団　佐藤賢一

a pilot of wisdom

司馬江漢「江戸のダ・ヴィンチ」の型破り人生　池内　了
写真で愉しむ　東京「水流」地形散歩　小林紀晴　監修・解説 今尾恵介
近現代日本史との対話【幕末・維新―戦前編】　成田龍一
近現代日本史との対話【戦中・戦後―現在編】　成田龍一
マラッカ海峡物語　重松伸司
アイヌ文化で読み解く「ゴールデンカムイ」　中川　裕
始皇帝　中華統一の思想『キングダム』で解く中国大陸の謎　渡邉義浩
歴史戦と思想戦――歴史問題の読み解き方　山崎雅弘
証言　沖縄スパイ戦史　三上智恵
「慵斎叢話」15世紀朝鮮奇譚の世界　野崎充彦
江戸幕府の感染症対策　安藤優一郎
長州ファイブ　サムライたちの倫敦《ロンドン》　桜井俊彰
奈良で学ぶ　寺院建築入門　海野　聡
江戸の宇宙論　池内　了
大東亜共栄圏のクールジャパン　大塚英志
「米留組」と沖縄　米軍統治下のアメリカ留学　山里絹子
未完の敗戦　山崎雅弘
スコットランド全史「運命の石」とナショナリズム　桜井俊彰
駒澤大学仏教学部教授が語る　仏像鑑賞入門　村松哲文
海のアルメニア商人　アジア離散交易の歴史　重松伸司
太平洋戦争史に学ぶ　日本人の戦い方　藤井非三四
江戸の好奇心　花ひらく「科学」　池内　了
戦国ブリテン　アングロサクソン七王国の王たち　桜井俊彰
ゴールデンカムイ　絵から学ぶアイヌ文化　中川　裕
私たちの近現代史　女性とマイノリティの100年　村山由佳　朴慶南
首里城と沖縄戦　最後の日本軍地下司令部　保坂廣志
秘密資料で読み解く　激動の韓国政治史　永野慎一郎
ナチズム前夜　ワイマル共和国と政治的暴力　原田昌博

a pilot of wisdom

集英社新書　好評既刊

アメリカの未解決問題
竹田ダニエル／三牧聖子　1247-A

米大統領選と並走しつつ、大手メディアの矛盾や民主主義への危機感、日米関係の未来について緊急対談。

はじめての日本国債
服部孝洋　1248-A

「国の借金」の仕組みがわかれば、日本経済の動向がわかる。市場操作、為替、保険など、国債から考える。

働くことの小さな革命　ルポ 日本の「社会的連帯経済」
工藤律子　1249-B

資本主義に代わる、「つながりの経済」とは？　小さなコモンを育む人々を描く、希望のルポルタージュ。

新聞記者がネット記事をバズらせるために考えたこと
斉藤友彦　1250-F

ネット記事で三〇〇万PVを数々叩き出してきた共同通信社の記者が、デジタル時代の文章術を指南する。

人生は生い立ちが8割　見えない貧困は連鎖する
ヒオカ　1251-B

実体験とデータから貧困連鎖の仕組みを明らかに。東京大学山口慎太郎教授との対談では貧困対策等を検討。

アセクシュアル アロマンティック入門　性的惹かれや恋愛感情を持たない人たち
松浦　優　1252-B

LGBTに関する議論から取りこぼされてきた、セクシュアリティを通じて、性愛や恋愛の常識を再考する。

女性政治家が増えたら何が変わるのか
秋山訓子　1253-A

日本で広がる変化の兆しや海外の事例を丹念に取材。誰もが生きやすい社会になることを可視化する新論点。

日本型組織のドミノ崩壊はなぜ始まったか
太田　肇　1254-B

フジテレビや東芝など名だたる企業の不祥事が続く昨今。組織論研究の第一人者がその原因と改善策を提言。

父が牛飼いになった理由《わけ》〈ノンフィクション〉
河﨑秋子　1255-N

実家の牧場の歴史を遡り明らかになる、二〇世紀の北海道と酪農史とは。直木賞作家による実話。

野性のスポーツ哲学「ネアンデルタール人」はこう考える
室伏重信　1256-C

「アジアの鉄人」と呼ばれたハンマー投げ選手が明かす究極のコーチングとは？　室伏広治との対談も収録。

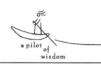